L'INDUSTRIE DU COMPLOTISME

Illustration de couverture extraite des *Songes drolatiques de Pantagruel* (1565), Bassac, Plein Chant, 1993

Matthieu Amiech

L'INDUSTRIE DU COMPLOTISME

Réseaux sociaux, mensonges d'État et destruction du vivant

Éditions La Lenteur

Introduction

Le secret – ce qu'on appelle diplomatiquement la « discrétion », ou encore arcana imperii, *les mystères du pouvoir –, la tromperie, la falsification délibérée et le mensonge pur et simple employés comme moyens légitimes de parvenir à la réalisation d'objectifs politiques font partie de l'histoire aussi loin qu'on remonte dans le passé.*

Hannah Arendt, « Du mensonge en politique.
Réflexions sur les documents du Pentagone », 1969

Quel genre de roi, ou de potentat, est donc ce nouveau nain Tracassin ? Puissant, impitoyable, armé jusqu'aux dents. Un souverain tel que le monde n'en avait encore jamais connu. Son royaume : le capital sauvage ; ses conquêtes : les nouveaux marchés ; son ambition : le profit ; ses frontières : le monde ; ses armes : le nucléaire. Essayer seulement de l'imaginer, de se le représenter tout entier, c'est déjà mettre son équilibre mental en péril, et quasiment s'exposer au ridicule. Le roi Tracassin ne révèle jamais qu'une partie de lui-même à la fois. Son cœur-compte en banque, ses yeux-télévision ou son nez-journal dans lesquels vous ne voyez que ce qu'il veut bien vous laisser voir et ne lisez que ce qu'il veut bien vous laisser lire. (Vous comprenez ce que je veux dire quand je parle de danger pour l'équilibre mental ?)

Arundhati Roy, « Politique du pouvoir :
la réincarnation du nain Tracassin », 2000

Le 17 novembre 2020, au milieu du deuxième confinement de la population française justifié par la contagion et la dangerosité du virus Sars-cov-2, le journal *Le Monde* barrait sa première page d'un titre exhortant à lutter contre « l'épidémie de complotisme » qui ravageait selon lui l'opinion publique. Par cette manchette racoleuse et l'article qu'elle annonçait, la rédaction du quotidien de référence de la presse hexagonale prenait acte du succès rencontré par le documentaire *Hold-up* sur Internet. Sans prendre la peine de démentir précisément tel ou tel argument de ce film médiocre, les journalistes Abel Mestre et Lucie Soullier tiraient la sonnette d'alarme :

> Un tel succès interroge. Aussi bien sur la manière dont se diffusent les discours complotistes que sur les réponses à y apporter. Faut-il en parler, au risque de les promouvoir ? Ne risque-t-on pas de propulser sur le devant de la scène des théories méconnues par le plus grand nombre ? Comment chasser les contre-vérités sans être accusé en retour de faire partie du complot[1] ?

Une semaine plus tard, au bas de la première page du même quotidien, contrôlé par Xavier Niel – propriétaire du fournisseur d'accès téléphonique et Internet Free –, Mathieu Pigasse – grand banquier d'affaires – et Daniel Kretinsky – milliardaire tchèque –, on trouvait une publicité de Plastic Omnium, entreprise de stockage spécialisée notamment dans le stockage de carburant. Cette publicité consistait en une simple image d'un verre d'eau pure, accompagnée (au-dessous) de la mention « #Hydrogenrevolution » et (au-dessus) du slogan « Voilà tout ce qu'on rejette en roulant à l'hydrogène ». L'implicite de cet encart se trouvait développé dans d'autres occurrences de cette campagne de relations publiques vantant la possibilité d'une automobile pure, notamment sur les réseaux sociaux :

1. Abel Mestre, Lucie Soullier, « L'épidémie de Covid-19 et la popularité des théories complotistes en France », *Le Monde*, 17 novembre 2020. On trouvera des remarques critiques de ma part sur le documentaire *Hold-up* à la fin du premier chapitre de ce livre.

« Rouler à l'hydrogène, c'est ne rejeter que de l'eau, sans émission de CO_2 ».

Pourtant, même si l'on passe sur le « détail » que presque la moitié des particules fines émises par un véhicule à moteur thermique proviennent de l'abrasion des freins, des pneus et de l'asphalte – et non du carburant –, cette publicité est de toute façon gravement manipulatrice en ce qu'elle passe sous silence le fait que l'hydrogène est produit industriellement. Ainsi, au moment où cette campagne était lancée, « plus de 95 % de l'hydrogène produit dans le monde [était] issu du méthane, du pétrole ou du charbon, par des procédés très polluants, notamment en matière d'émissions de gaz à effet de serre[1] ».

Un des objectifs des gouvernements et des industriels est qu'à terme une partie importante de l'hydrogène soit produite par le procédé d'électrolyse de l'eau. Problème : cela demande à la fois de fabriquer en grande série de gigantesques électrolyseurs, fabrication qui s'annonce elle-même formidablement gourmande en métaux plus ou moins rares et en produits toxiques ; et de fournir des quantités considérables d'électricité, pour faire fonctionner lesdits électrolyseurs. C'est ainsi que si l'on voulait faire rouler à l'hydrogène les trois millions de camions qui circulent sur les routes d'Europe pour le transport de marchandises, il faudrait rien que pour cela une production d'électricité correspondant à 156 centrales nucléaires, ou à 10 000 km^2 de panneaux solaires (quand il fait beau), soit à peu près la superficie de l'Île-de-France[2].

D'un côté, donc, la rédaction du *Monde* juge insupportables les imprécisions et manipulations d'un documentaire attaquant la gestion de l'épidémie de Covid par les gouvernements du monde entier, et elle considère presque son succès comme un symptôme de dégénérescence mentale d'une partie de la population. De l'autre, le mensonge massif d'une industrie cherchant à faire passer son

1. Celia Izoard, « L'hydrogène, trop gourmand en énergie pour être écologique », *Reporterre*, 1er février 2021 (reporterre.net).

2. D'après les calculs des ingénieurs de l'Atelier d'écologie politique (cf. Celia Izoard, *ibid.*).

activité pour « écologique » n'est pas relevé ; il semble faire partie de ce à quoi on doit s'accommoder – comme le disait le commentateur de foot Thierry Roland, avant de lancer une page de publicité à la mi-temps des matchs : « Il faut bien vivre. » Sachant que les atteintes à la vérité dans un journal jouissant d'une telle réputation de sérieux ne sont pas réservées aux encarts publicitaires. Ce sont quotidiennement des articles de fond et des tribunes d'opinion qui y promeuvent l'idée manipulatrice d'une « transition énergétique et écologique », là où tout ce qui est décrit relève manifestement de la fuite en avant vers toujours plus de consommation de ressources et d'activités polluantes[1].

Même « deux poids, deux mesures » sur les stations de la radio publique ou sur certaines chaînes télévisées d'information en continu : d'un côté, il est inimaginable de donner la parole à des scientifiques et médecins de haut niveau qui mettent en doute la gravité extraordinaire de l'épidémie de Covid et contestent des pans importants de la stratégie « sanitaire » des autorités ; de l'autre, il n'y a pas d'urgence à discréditer fermement les nombreux intervenants qui confortent, dans le débat public, l'information fantaisiste que les centrales nucléaires favoriseraient l'indépendance énergétique de la France. Il est pourtant bien établi que les centrales françaises ont toujours fonctionné, dans notre pays, avec une technologie – les réacteurs à eau pressurisée – mise au point et maîtrisée par les Américains ; et qu'une petite moitié de l'uranium nécessaire à ce fonctionnement est de nos jours importée du Kazakhstan, pays notoirement allié de la Russie poutinienne[2].

1. Il serait pour autant déplacé d'en déduire que la lecture du journal *Le Monde* est totalement inutile, ou que tout ce qui y est dit est faux. Les choses sont plus complexes, puisqu'on y trouve aussi, sur certains sujets, des enquêtes de valeur. Même sur un thème aussi stratégique que celui de la transition écologique, certains articles fournissent honnêtement de la matière pour une critique radicale, telle que celle à laquelle je me livre dans le chapitre III.

2. Et il y a en plus l'importation d'uranium enrichi, directement de Russie : « La France reçoit une importante cargaison d'uranium russe », *Reporterre*, 30 novembre 2022 (reporterre.net).

Le point de départ de ce livre est le malaise devant ce genre de décalages. Comment peut-on s'indigner du complotisme – tournure d'esprit basée sur la conviction qu'« on nous cache la vérité et les vraies raisons des évènements » – et prétendre le combattre, quand on accepte que le mensonge prolifère par ailleurs ? Compte tenu de tout ce que l'on sait de la société moderne et de l'histoire des puissants « aussi loin que l'on remonte dans le passé » (Hannah Arendt), de quoi faut-il s'étonner le plus aujourd'hui ? De la naïveté de ceux qui donnent encore crédit au langage du pouvoir et des grands médias ? Ou de la méfiance de principe de ceux qui ne croient plus à aucune information officielle, et en arrivent parfois à des visions délirantes ? Qu'est-ce qui est le plus déstabilisant, de la méconnaissance des ressorts du pouvoir dont font preuve les premiers, sous prétexte que nous vivons dans un régime plus ou moins parlementaire ? ou de la fascination confuse des seconds pour les puissants, qui les amène à surestimer ces derniers ?

À mes yeux, l'une est aussi troublante que l'autre. Et dans les temps troublés où nous sommes entrés, quelque part au beau milieu de la décennie 2010, l'écart entre ces deux tournures d'esprit (naïveté-méconnaissance d'une part, méfiance-fascination d'autre part) ne peut que se creuser. Avec le risque que le débat public en devienne (encore) plus hystérique et insignifiant, et qu'un mouvement social d'ampleur contre l'oligarchie et ses projets bien réels soit (encore) plus difficile à construire.

Dans les lignes placées en exergue de cette introduction, la romancière indienne Arundhati Roy considère qu'on peut difficilement appréhender la domination politique contemporaine – le capitalisme industriel, dans toutes ses dimensions – sans mettre en danger son équilibre mental. Mais depuis quelques années, ce sont aussi les conséquences, entre autres biophysiques, du capitalisme industriel qui deviennent douloureuses, quasiment insupportables à penser. En continuant, malgré les alarmes lancées depuis au moins 1960, d'avancer sur le chemin du développement économique, nos sociétés arrivent à une situation de l'ordre de l'impensable. Je ne crois pas trop fort de dire que notre équilibre mental à tous est menacé, en tout cas mis à l'épreuve, et qu'il va l'être de plus en plus. Pas seulement par les catastrophes écologiques elles-mêmes, mais par le fait que leur survenue met en question le statut de la connaissance, dans des sociétés qui se définissent comme rationnelles.

> Le trait dominant de notre époque, c'est l'impuissance de la connaissance et même son apparente inutilité. Jamais l'humanité ne s'est dirigée vers une catastrophe d'une telle ampleur et jamais elle n'a disposé de tant d'informations sur ce qui se trame. Dans le passé, les hommes ont toujours creusé leur tombe sans le savoir. Dans le domaine écologique, l'échelle des phénomènes ne leur permettait pas de se faire la moindre représentation de la portée de leurs actes à long terme ; c'est ainsi que les pasteurs nomades ont désertifié le Sahara. Avant les grandes ruptures historiques, la Révolution française, la révolution industrielle, la révolution russe, la montée du nazisme, les deux guerres mondiales, personne ne pouvait se douter de ce qui allait se passer ; l'évènement a dépassé les prévisions des plus pessimistes. Mais désormais, nous n'avons plus l'excuse de l'ignorance. Pris en tenailles entre ces précédents historiques et les projections de tendance [contemporaines], nous sommes submergés par les informations. Or, pour l'instant, cette connaissance ne semble pas servir à grand-chose. Dans une certaine mesure, elle contribue même à nous paralyser[1].

La diffusion du complotisme, autant que l'élévation de l'anti-complotisme au rang d'arme idéologique essentielle des couches

1. Bertrand Méheust, *La Nostalgie de l'Occupation. Peut-on encore se rebeller contre les nouvelles formes d'asservissement ?*, Paris, La Découverte, 2012, p. 56-57. Sur les ressorts de cette paralysie, on lira l'ensemble du chapitre III de Méheust, « La catastrophe les yeux ouverts », dont ces lignes sont extraites ; ainsi que, de René Riesel et Jaime Semprun, les pages 17 à 28 de *Catastrophisme, administration du désastre et soumission durable* (Paris, Éditions de l'Encyclopédie des Nuisances, 2008), qui développent l'idée fondamentale que « c'est la révolte, le goût de la liberté, qui est un facteur de connaissance, plutôt que le contraire ».

dirigeantes ne sont pas séparables de cette crise de la raison politique. À force que les populations du monde industriel ne fassent rien de la vérité essentielle des cinquante dernières années – la production et la consommation de masse détruisent les conditions de la vie sur Terre –, ce sont les industriels qui s'en sont emparés, eux qui sont d'abord des industriels du mensonge. Aux stratégies de dénégation et dissimulation du réchauffement climatique par les grands groupes pétroliers et leurs relais dans les appareils d'État[1] succède l'organisation de la transition énergétique par les mêmes acteurs, qui prétendent «décarboner» l'économie pour que celle-ci poursuive son développement, un tantinet verdi. Dans un cas comme dans l'autre, on peut parler de complot jusqu'à un certain point, comme le fait par exemple Bruno Latour dans *Où atterrir?*[2]; mais c'est surtout de complots contre la vérité qu'il s'agit.

La propagande de type trumpienne sur les réseaux sociaux, qui nie le lien entre réchauffement climatique et activités industrielles, et celle des médias «légitimes» qui vantent les mesures de «transition» destinées à diminuer les émissions de gaz à effet de serre, ces deux propagandes se répondent et se complètent. Le vacarme de leur affrontement participe largement à empêcher l'émergence d'une vision collective lucide. La mise en scène de la lutte contre le réchauffement est si grotesque qu'elle permet à certains de faire croire que le réchauffement lui-même est une entourloupe. Réciproquement, l'existence d'un courant climatosceptique permet aux oligarques de la Commission européenne ou de grands organismes mondiaux de se faire passer pour plus écolos que le populo, qu'ils figurent prêt à tout croire pour défendre son diesel et ses hamburgers.

Ce livre conjugue donc deux options politiques généralement incompatibles. Il se demande d'où vient le complotisme, non sans

1. Stratégies très bien documentées par le géographe suisse Romain Felli dans *La Grande Adaptation. Climat, capitalisme et catastrophe*, Paris, Le Seuil, 2016.
2. Paris, La Découverte, 2017, p. 29-34.

s'inquiéter de la diffusion remarquable du phénomène, des simplifications et de la dépolitisation dont il est globalement porteur. Mais il se demande aussi à quoi sert l'anticomplotisme, en dénonçant l'approbation (résignée ou enthousiaste) au cours des choses qu'il peine à cacher. Car l'anticomplotisme est une psychiatrisation de la critique du pouvoir, d'autant plus aisée quand cette critique est maladroite et désarmée. Je propose quant à moi une approche sociale et politique du complotisme, qui le prend au sérieux et n'a pas peur d'en rendre les raisons.

Mon propos fait bien sûr écho à certains arguments et accents du *Manifeste conspirationniste*, paru au début de 2022, et à l'essai de l'italien Wu Ming 1, *Q comme complot*, paru encore plus récemment en France[1]. Il est animé du même désir de déverrouillage d'une situation idéologique complètement bloquée par la séquence d'évènements ouverte avec l'apparition du Covid et sa gestion techno-autoritaire. Mais on verra que je ne cherche ni à distinguer complotisme et conspirationnisme, ni à retourner le stigmate associé à ces termes, comme le fait – certes avec brio – ledit *Manifeste*. Je considère le complotisme comme un problème politique pour les partisans de l'égalité et de la liberté, un problème né des pathologies de la société de masse, en premier lieu la numérisation galopante de la vie. Je creuse ainsi le sillon de deux textes moins connus, écrits au cours de l'année 2021 : « The Vaccine Moment[2] », de Paul Kingsnorth, et « L'illusion au pouvoir[3] », de Pierre Bourlier.

> À l'occasion de l'épidémie de covid-19, nos pays ont basculé dans une forme de Terreur catastrophiste, où l'urgence sanitaire sacralisée justifie l'abandon de la démocratie (sic) et de violentes transformations imposées à la société. Ce basculement à rendu plus largement

1. *Manifeste conspirationniste* (anonyme), Paris, Le Seuil, 2022 ; Wu Ming 1, *Q comme qomplot. Comment les fantasmes de complot défendent le système*, Montréal, Lux, 2022.
2. Brochure traduite sous le titre de « Basculement. Retour sur la gestion du Covid-19 et l'obligation vaccinale » et disponible aux éditions La Lenteur, 2022.
3. Article paru dans la revue *L'Inventaire*, n° 11, automne 2021.

> perceptibles l'autoritarisme néolibéral, la servilité des médias, la domination des intérêts marchands sur les activités scientifiques et médicales, et a fait redécouvrir les machinations et chimères des industries numériques, biotechnologiques, nanotechnologiques, la « quatrième révolution industrielle », ces grands projets mégalomanes et ces petits gadgets vendeurs qui convergent vers la réalisation d'une utopie réconciliant Orwell et Huxley. Ce sont des réalités historiques bien documentées depuis des dizaines d'années, tant par leurs promoteurs que par leurs critiques scientifiques, journalistes, militants, « lanceurs d'alerte », etc. Or, aujourd'hui, elles sont assimilées à des « complots » extraordinaires, donc imaginaires. Un immense déni s'est mis en place dans une ambiance de lynchage intellectuel, et l'on s'interdit de dire ce qui paraissait presque banal jusqu'en mars 2020 : même parler de conflits d'intérêts est désormais « conspirationniste » !
>
> Pourtant, dans la situation actuelle, il devient difficile de ne pas regarder dans la direction de ces prétendus complots, tant est massive et choquante l'offensive des forces historiques qui artificialisent toujours plus la vie, nous dépossèdent et nous enferment dans un monde sans contact ni autonomie. Force est de constater qu'il existe bien des ingénieurs, des scientifiques, des commerciaux, des bureaucrates, des vendeurs de logiciels à la retraite, des fonds de pension, des compagnies pharmaceutiques, des illuminés transhumanistes, etc., qui manœuvrent en coulisses pour imposer certains rêves, projets et marchandises et fabriquer leur acceptabilité. Affirmer qu'ils existent n'est pas du complotisme, tout dépend du rôle historique et moral qu'on leur attribue[1].

Bourlier et Kingsnorth s'accordent sur ce diagnostic d'ensemble, mais il y a une petite différence entre leurs positions. Le premier insiste sur l'erreur du complotisme qui consiste à surestimer les manœuvres des oligarques, à les croire tout-puissants alors que bon nombre de leurs projets d'accaparement de la richesse et du pouvoir

1. Pierre Bourlier, « L'illusion au pouvoir », *op. cit.*

échouent, y compris parce qu'il y en a toujours plusieurs en concurrence. Tandis que Kingsnorth, lui, dans le contexte exceptionnel du Covid, est surtout frappé par le fait que certaines théories complotistes en arrivent à pointer des éléments de vérité, fût-ce sous une forme grossière et caricaturale[1].

Dans les pages qui suivent, je vais naviguer entre ces deux positions en tentant de les dépasser. L'essentiel pour moi sera de mettre en évidence combien sont nombreuses les raisons de devenir complotiste à notre époque, et combien est grande la probabilité que cette tournure d'esprit soit omniprésente dans les mouvements de contestation sociale des années à venir. Avec un brin d'ironie, on peut synthétiser mon propos par le schéma ci-dessous :

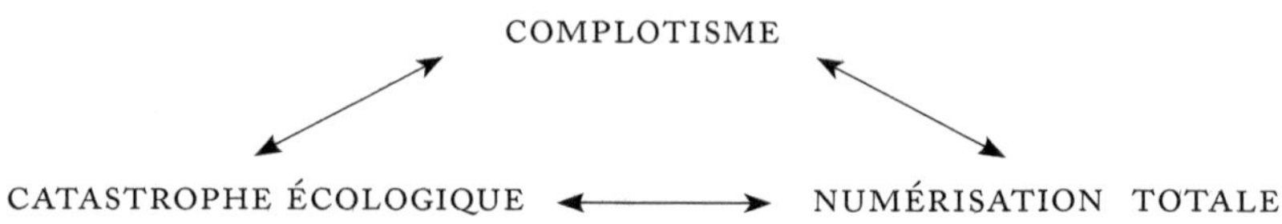

La numérisation « totale » de la vie sociale renforce constamment le complotisme et aggrave la catastrophe écologique – pourtant prise comme prétexte pour accélérer la numérisation. La dégradation anxiogène de l'état du monde nourrit aussi le complotisme, qui en retour assure la stabilité du système social et donc la poursuite de notre trajectoire vers la destruction. Si un certain nombre de sursauts ne se produisent pas rapidement, la critique sociale et les énergies contestataires pourraient s'abîmer pour de bon dans cette espèce de triangle des Bermudes où elles se trouvent confinées.

1. Voir notamment les pages 38 à 41, au début du troisième chapitre de son petit essai, « Que faut-il penser de Klaus Schwab ? ». Ces pages font écho à la remarque de Jean-Marc Royer, à la fin de *Le Monde comme projet Manhattan. Des laboratoires du nucléaire à la guerre généralisée au vivant* (Lyon, Le Passager clandestin, 2017) : « Étant donné la puissance des instruments d'aliénation, de domination et de gouvernement mis en place […], la réalité sociopolitique est en train de rejoindre ces visions [délirantes], car il y a bien un totalitarisme démocratique en voie d'extension » (p. 268).

Avant de développer plus avant ces hypothèses, un bref point de vocabulaire, qui est aussi une manière de clarifier les présupposés politiques de ma position sur ce sujet inflammable. J'emploierai fréquemment les termes de technocratie et d'oligarchie, en plus de ceux de couches ou classes dirigeantes, d'élites, de décideurs. Les derniers parlent d'eux-mêmes, mais ce n'est pas le cas des deux premiers.

L'usage du mot « oligarchie » s'est beaucoup répandu ces dernières années et cela se justifie totalement, même si on l'entend régulièrement dans la bouche de gens dont je ne partage ni les vues, ni les buts. Je l'utilise dans le sens que lui donnait le philosophe Cornelius Castoriadis, qui voulait signifier par là, dès les années 1980-1990, que même en Occident nous ne vivons pas en démocratie :

> Le pouvoir effectif [y] appartient, de toute évidence, à des couches capitalistes et bureaucratiques, mais ce pouvoir est limité, à de multiples égards, à la fois par l'institution formelle d'un régime politique [...] assurant la légitimité de la lutte sociale et politique et les droits des individus [...], et par l'institution effective d'un type d'individu pour lequel il n'y a pas de sacralité du pouvoir – la mise en question de l'autorité est, formellement et effectivement, possible. Ces régimes ne peuvent pas être appelés démocratiques : l'appellation aurait fait rire aussi bien Aristote que Rousseau (et même Madame de Staël ou Benjamin Constant) [pour qui la démocratie impliquait l'activité politique du plus grand nombre des citoyens et leur participation effective aux grandes décisions orientant la vie sociale]. La représentation est le contraire de la démocratie, et la pseudo-représentation encore plus. En bonne théorie et philosophie politique, ce sont des oligarchies. Mais ce sont des oligarchies libérales au sens fort du terme[1].

1. Cornelius Castoriadis, « Spécificité et crise des sociétés occidentales », dans *Écrits politiques (1945-1997) IV. Quelle démocratie ?*, tome II, Paris, Éditions du Sandre, 2018, p. 121.

Ce caractère libéral faisait, pour Castoriadis, une profonde différence avec les régimes autoritaires, non infléchis par des luttes répétées pour la participation du peuple ou l'égalité sociale. Mais il était également clair à ses yeux que ce libéralisme relatif n'était pas gravé dans le marbre et que la limitation du pouvoir des couches oligarchiques en Occident ne pouvait perdurer que si de nouvelles luttes surgissaient, et maintenaient un rapport de forces. Aujourd'hui, on voit très bien qu'en l'absence de telles luttes, la « crise du Covid » et l'entrée en état d'urgence écologique permanent pourraient marquer une régression importante vers un régime oligarchique non libéral.

Quant au terme « technocratie », je me permets de reprendre la définition que j'en donnais dans un texte de 2017, écrit suite à l'élection d'Emmanuel Macron à la présidence de la République :

> C'est cet ensemble de dirigeants politiques et économiques qui jouent un rôle crucial dans l'orientation et le pilotage du développement industriel, et dans la défense de son idéologie. Hauts fonctionnaires et ministres, bien sûr, scientifiques et ingénieurs (des « grands corps », en France), directeurs d'écoles de commerce et directrices d'agences régionales, créateurs de start-up et cadres de grands groupes, journalistes économiques et publicitaires… toutes et tous assurant en permanence la promotion de ce développement auprès des populations en martelant notamment qu'aucune autre possibilité n'existe pour notre société que de poursuivre sur le même chemin[1].

Dans ce texte, je considérais l'élection de Macron comme une étape capitale dans l'affirmation de cette couche sociale, et comme un signe de radicalisation du développement industriel et des manières de le faire accepter dans notre pays. Six ans plus tard, nous sommes pris dans la tourmente de cette radicalisation des couches dirigeantes,

1. Matthieu Amiech, *La Technocratie en marche! Lettre ouverte à monsieur Albin Serviant*, Grenoble, Le monde à l'envers, 2017, p. 11.

nullement propre à la France. Essayons de prendre un peu de recul pour comprendre ce qui nous arrive, quelles forces nous poussent, vers où, et ce que nous y pouvons.

CHAPITRE I

Le complotisme : misère de la contestation sociale, épouvantail au service des classes dirigeantes

Aucune connaissance avérée, on le sait bien, ne tient toute seule. Les faits ne restent robustes que lorsqu'il existe pour les soutenir une culture commune, des institutions auxquelles on puisse se fier, une vie publique à peu près décente, des médias quelque peu fiables. Et l'on voudrait que des gens auxquels on n'a pas annoncé ouvertement (mais qui le pressentent) que tous les efforts de la modernisation depuis deux siècles risquaient de capoter ; que tous les idéaux de solidarité avaient été jetés par-dessus bord par ceux-là mêmes qui les dirigeaient ; on voudrait que ces gens-là aient pour les faits scientifiques la confiance d'un Louis Pasteur ou d'une Marie Curie ! […] C'est donc bien légèrement que les journalistes parlent d'une politique «postvérité». Ils ne soulignent pas pourquoi [les dirigeants] ont décidé de continuer à faire de la politique en abandonnant volontairement le lien à la vérité qui les terrifiait – avec raison. Ni pourquoi les gens ordinaires ont décidé – eux aussi avec raison – de ne plus croire en rien. Au vu des couleuvres qu'on a voulu leur faire avaler, on comprend qu'ils se méfient de tout et ne veuillent plus rien entendre.

Bruno Latour, *Où atterrir ?*, 2017

Quand on se retourne sur la décennie écoulée, on peine à savoir ce qui fut premier, de l'essor du complotisme lui-même ou de sa dénonciation obsessionnelle par les élites. On peine à se souvenir à quel moment précis le sujet est devenu central dans la presse et dans l'agenda des gouvernants. Il est évident que mars 2020 et sa tempête virale ont marqué une étape capitale dans cette escalade, mais celle-ci avait commencé bien auparavant.

La tendance à voir des complots partout existe de longue date dans la politique moderne. Karl Marx (1818-1883) se moquait déjà, à son époque, de ce qu'il appelait « la conception policière de l'Histoire » : à la fois celle de la police, qui tend souvent à attribuer l'agitation sociale à la seule influence de leaders ou de minorités agissantes ; et celle qui, dans la population, y compris chez des contestataires, prête un pouvoir exagéré aux hommes d'État, à leur police, à leurs services secrets. Cette conception, qui ignore la complexité des processus historiques réels – matériels, économiques, mais aussi idéologiques –, s'est trouvée promue à différentes époques, par différents évènements. Mais on peut dire que ce qui en a assuré une diffusion massive dans les populations, à partir de l'an 2000, c'est l'Internet et son rôle de plus en plus structurant dans l'information et l'« instruction » de tout un chacun.

Voici ce que nous écrivions à ce sujet en 2012, avec mes collègues du Groupe Marcuse, dans notre essai sur « l'identification électronique » :

> Qu'y a-t-il dans le dossier relié à ma carte Vitale ? Savent-ils ce qui m'est arrivé il y a quelques années ? Le regard du médecin est pudique, celui de sa secrétaire impassible. Le projet Échelon s'applique-t-il à mon courrier électronique ? Y a-t-il quelqu'un derrière cette caméra ? Le sentiment d'être peut-être surveillé – mais par qui et pourquoi ? – engendre une forme de paranoïa confuse. Même ceux qui disent ne pas s'en soucier ont au fond bien du mal à ne pas fantasmer une figure du pouvoir omniscient, tapie au croisement des multiples faisceaux d'auscultation de la vie sociale. Beaucoup éprouvent d'ailleurs le besoin d'attribuer un visage précis à cette omniprésence occulte. Pour les uns, ce sera l'extrême droite américaine, pour les autres, les francs-maçons ou les Juifs… Des gens assez raisonnables proposent

> des lectures ahurissantes du monde contemporain, les interprétations complotistes jaillissent du quotidien le plus prosaïque. D'autant mieux que le Web, dans son jeu de recoupements infinis, permet d'étayer toutes les théories imaginables, absolument toutes[1].

Avec l'augmentation du temps passé par chacun devant les écrans, avec l'enfermement mental que cela occasionne chez tant de gens isolés, avec le fractionnement grandissant de la société en tribus politico-culturelles plus ou moins étanches, les « lectures ahurissantes » ont proliféré. Elles sont un aspect – tantôt amusant, tantôt glaçant – d'un « décrochage » de pans importants de la population vis-à-vis des récits médiatiques, officiels, acceptables. Au fil des années 2010, journalistes et politiciens s'en sont inquiétés de plus en plus bruyamment. Mais plutôt que de se remettre en cause, de se demander ce qui pouvait causer une telle défiance à leur encontre[2], ils se sont focalisés sur le complotisme, qui est pour eux une nouvelle manière de nommer la bêtise du peuple, en tout cas son irrationalité fondamentale.

Il est savoureux de voir cette élite politico-médiatique désigner les réseaux sociaux comme responsables d'un abêtissement du débat public et d'un recul des « valeurs démocratiques », alors qu'elle les célébrait il y a peu comme les plus sûrs vecteurs de l'intelligence collective et des idées émancipatrices. Ainsi, en 2011, la presse occidentale n'avait-elle pas hésité à attribuer le mérite des soulèvements populaires du Printemps arabe à Facebook : la technologie était vue comme le catalyseur du bouillonnement démocratique, un point d'appui indispensable pour donner le courage aux populations de se dresser contre les vieilles dictatures. En 2021, cette *même* presse

1. Groupe Marcuse, *La Liberté dans le coma. Essai sur l'identification électronique et les motifs de s'y opposer*, Vaour, 2019 [2012], p. 129.

2. Chaque année, les journalistes (re)tombent des nues en découvrant les chiffres du baromètre Kantar pour le journal *La Croix*, qui disent que seulement 50 % des Français jugent les informations diffusées à la radio crédibles, et au moins 10 % de moins pour la télévision. Voir par exemple « Crise de confiance et perte d'intérêt : les Français restent critiques envers les médias », *Le Monde*, 16 janvier 2020 (lemonde.fr).

dénonce le rôle des algorithmes du *même* réseau social dans le soulèvement « populiste » et « complotiste » des supporters de Donald Trump, prenant d'assaut le Capitole pour empêcher que la défaite électorale de leur champion soit entérinée.

Brouillage idéologique et nouvelle stratégie de contrôle du débat politique

Que s'est-il passé entre ces deux dates ? Tout un ensemble de basculements politiques, idéologiques et écologiques se sont produits, dont on sent qu'ils en annoncent de plus grands, en cascade. Disons, pour être le plus synthétique possible, que les coordonnées sociales et géopolitiques de l'après guerre froide – consensus idéologique autour des recettes économiques néolibérales, domination américaine sans partage et hypothèse d'une « fin de l'Histoire » – ont été bouleversées, si ce n'est balayées. Face à l'Empire américain et ses dépendances se sont affirmés des impérialismes alternatifs : islamisme proliférant, retour de l'expansionnisme grand-russe et montée en puissance extraordinaire du capitalisme d'État chinois. À l'intérieur de l'Empire jusqu'ici dominant, des secousses sociopolitiques non négligeables se sont aussi produites : mouvements d'occupation de 2011 ; montée de mouvements de droite dite populiste (dénomination peu satisfaisante) ou carrément d'extrême droite dans le champ électoral et au-delà ; vagues d'attentats islamistes ; vague de contestations de 2018-2019 dont les gilets jaunes français furent un des symboles. Tout cela ponctué par l'épidémie mondiale de coronavirus et sa gestion techno-autoritaire à partir de 2020, et désormais par une guerre de grande ampleur à l'est de l'Europe, qui précipite des évolutions géopolitiques et écologiques majeures.

De cet enchaînement résulte un brouillage idéologique comme on n'en a peut-être jamais observé depuis la Révolution française. L'addiction des populations à Internet est un facteur essentiel de ce brouillage, et la banalisation de grilles de lecture complotistes en est une composante importante.

Indéniablement, les années 2010, et a fortiori le début des années 2020, ont été marquées par une montée de la paranoïa dans la lecture de l'actualité[1]. Pour être précis : une paranoïa vis-à-vis de la façon dont les grands médias présentent l'actualité et les différents enjeux (géo)politiques, économiques, environnementaux, etc. Certains doutent de la réalité des attentats islamistes, d'autres de la réalité des massacres commis par les Russes en Ukraine – ce ne seront pas forcément les mêmes et, parmi eux, tous ne placent pas le curseur du doute au même point (le 11-Septembre serait une mise en scène, mais pas forcément les attentats en Europe ; il y a ceux qui innocentent spécifiquement Mohammed Merah, et ceux qui disent que tous les attentats attribués à des intégristes musulmans en France sont des coups montés, etc.). Aux États-Unis, beaucoup de républicains pensent que les démocrates ne peuvent gagner les élections qu'en les truquant, tandis que nombre de démocrates sont d'avis que Trump ne peut avoir été élu président sans qu'une puissance étrangère ait manipulé des électeurs sur les réseaux sociaux. En France comme ailleurs, il y a ceux qui croient que le Sars-cov-2 n'existe pour ainsi dire pas ; ceux qui trouvent que la gravité de l'épidémie a (dès le départ, ou au bout d'un temps) été délibérément surestimée par un certain nombre d'acteurs médiatiques, scientifiques, industriels et politiques ; et il y a à l'inverse ceux qui jugent que le gouvernement a fait exprès de laisser circuler le virus, parce qu'il n'accorde pas d'importance aux vies humaines des couches populaires, plus touchées par les formes graves de Covid[2].

Ce phénomène de paranoïa poussée a donné lieu à la construction d'une nouvelle figure sociale négative, le complotiste, venue s'ajouter à celles du beauf, du facho ou de l'islamo-gauchiste. Il a donné naissance à une nouvelle marotte médiatique et à une nouvelle stratégie de gouvernement : taxer toute critique gênante du pouvoir de complotiste. C'est ainsi que des enquêtes fort sérieuses

1. J'emploie le terme de paranoïa à mi-chemin entre son sens courant d'aujourd'hui (inquiétude, méfiance exagérées) et son sens médical ancien (délire d'interprétation).

2. Voir par exemple le texte du collectif Cabrioles, « Face à la pandémie, le camp des luttes doit sortir du déni », publié le 12 janvier 2022 sur (<jefklak.org>).

sur les diverses formes de lobbying, comme celles d'Élise Lucet et son équipe sur France 2, ont pu sans vergogne être qualifiées de conspirationnistes[1]. C'est ainsi que l'indignation devant les collusions entre journalistes, personnel politique et dirigeants économiques, à travers des clubs parisiens comme Le Siècle et ses dîners mensuels, est disqualifiée comme complotiste[2]. À force d'entendre ce type d'accusations dérisoires se multiplier, on pouvait craindre que même des analyses sociopolitiques en termes de lutte des classes puissent subir le même sort. Et c'est ce qui arriva : un des chasseurs de *fake news* et de faux complots les plus en vue, le journaliste du *Monde*, William Audureau, a bel et bien déclaré que la pensée de Marx et Engels était une des sources historiques du complotisme contemporain[3] !

Qui plus est, Audureau et ses collègues justiciers de la vérité vraie se prennent régulièrement les pieds dans le tapis, au mépris élémentaire de toute logique : il leur arrive de parler de complotisme à propos d'affirmations n'impliquant aucune intention de nuire ou de manipuler. Je pense ici notamment à deux thèses qui ont circulé sur Internet au début de l'épidémie de Covid-19, en mars 2020. Un scientifique américain, Arthur Fistenberg, défendant de longue date une vision hétérodoxe et radicale des méfaits des ondes électromagnétiques sur la santé humaine et le vivant dans son ensemble, a popularisé l'hypothèse que l'introduction de la 5G, avec ses fréquences et ses types d'ondes inédits, pouvait être la cause de la diffusion d'un nouveau virus, ou de l'aggravation de ses effets. Hypothèse qui mérite sans doute de ne pas être prise

1. Voir « Glyphosate : "De l'obscurantisme naît la théorie du complot" », entretien de la journaliste pro-pesticides Emmanuelle Ducros avec la rédaction du site <conspiracywatch.info>, 22 janvier 2019.

2. Le cinéaste engagé Pierre Carles avait ainsi été taxé de complotisme par Jean-Luc Mélenchon, au début des années 2010, pour son insistance à dénoncer les dîners du Siècle dans ses films. Mélenchon lui avait dit ne pas être au courant de ces dîners, ce qui paraissait impossible pour un ancien ministre socialiste des années 2000. Peu de temps après, il se mit à dénoncer ces dîners à son tour…

3. Dans l'émission *C'l'hebdo*, sur France 5, fin octobre 2021, lors de la promotion de son livre *Dans la tête des complotistes*, Paris, Allary Éditions, 2021.

pour argent comptant : elle renvoie à une vision non pasteurienne des maladies sur laquelle je suis bien incapable, à titre personnel, de me prononcer[1]. Ce qui est certain, c'est que ce scientifique (pas plus que les gens relayant ses affirmations) n'a jamais dit que la 5G *visait à tuer* des gens par insuffisance respiratoire ou inflammation de leurs vaisseaux sanguins. Il ne prête pas d'intention meurtrière aux promoteurs des technologies sans fil, il met avant tout en cause leur aveuglement devant les dégâts du progrès et leur fascination pour des outils qui permettent toujours plus de puissance, de profit, de contrôle… Dans le pire des cas, il a trouvé une occasion de faire le malin en prétendant que sa vision des effets des ondes sur la santé, jusque-là restée confidentielle, était validée par un évènement mondial dont tout le monde parlait. Mais même cela ne relève pas à proprement parler du conspirationnisme.

Dans le même ordre d'idées, on sait que l'hypothèse d'une fuite de laboratoire comme point de départ de l'épidémie mondiale de Covid, à peine formulée, a été considérée comme complotiste. Or, dire « des éléments indiquent que le Sars-cov-2 pourrait être un coronavirus travaillé en laboratoire » ne revient pas à dire « les Chinois ont diffusé volontairement un virus dangereux » ou « nous sommes face à un acte de guerre bactériologique ». Ce sont des affirmations ou des hypothèses absolument distinctes, toute personne ayant dormi plus de trois heures la nuit précédente et ayant poursuivi ses études au-delà du CM2 devrait le saisir sur-le-champ. Pourtant, quand Étienne Decroly, éminent chercheur du CNRS que personne ne peut rattacher ni à l'extrême droite ni à l'ultragauche, fait part en octobre 2020 d'un faisceau d'indices sérieux allant dans le sens de cette hypothèse, le journaliste qui l'interviewe lui pose aussitôt la question qui lui importe le plus : « [Votre hypothèse] ne risque-t-elle pas de conforter les discours complotistes sur la pandémie de Covid-19[2] ? ».

1. Voir le livre d'Arthur Fistenberg, *L'Arc-en-ciel invisible. L'histoire de l'électricité et de la vie*, Vaugneray, Ambre éditions, 2021.

2. Interview d'Étienne Decroly par Yaroslav Pigenet, « La question de l'origine du Sars-cov-2 se pose sérieusement », 27 octobre 2020, disponible sur le site <lejournal.cnrs.fr>.

Pour ce qui est de la France, on peut identifier trois moments privilégiés dans la construction de la figure négative du complotiste et dans la focalisation médiatico-politique sur ce phénomène : la vague d'attentats islamistes de 2015-2016 ; puis l'arrivée d'Emmanuel Macron à la présidence de la République, avec le projet d'une loi spéciale contre les *fake news* ; enfin, le moment pandémique de 2020-2021, qui débouche sur la formation d'une commission d'État sur le complotisme.

Djihadisme et cie : les promesses trahies d'Internet

Comme on l'a déjà laissé entendre, les attentats de janvier et novembre 2015 ont été une étape importante du divorce entre le traitement médiatique standard de l'actualité et les perceptions de certains pans de population. Dans ce cas précis, c'est une partie de la jeunesse des quartiers populaires, souvent issue de l'immigration récente, qui non seulement ne se s'est pas sentie partie prenante de l'émotion nationale telle que les médias et le pouvoir la mettaient en scène, mais a parfois contesté la lecture, voire la réalité des faits. Les attentats, et c'était précisément leur but, ont mis beaucoup de Français de confession musulmane dans une situation impossible, dans un conflit de loyauté tellement fort qu'ils ont tenté d'y échapper en imaginant qu'il s'agissait de machinations orchestrées par des ennemis de leur religion. Pour certains, il n'était pas pensable qu'au sein de leur communauté religieuse se soit développé un courant visant à déclencher une guerre avec les autres Français, ou à imposer de nouvelles règles sociales inspirées par l'islam. La version officielle des évènements leur semblait donc uniquement destinée à les humilier, les pousser à renier leur foi, leurs origines, une partie d'eux-mêmes.

Les attentats de Paris en janvier 2015 constituent un symbole de la puissance de la complosphère. « Charlie Hebdo restera probablement ma pire semaine de prof en quinze ans, lâche Agathe

> [professeur d'histoire-géographie dans le sud-ouest de la banlieue parisienne]. Quelques jours après, des élèves avaient visionné des vidéos et remettaient en question certains aspects. Ça leur paraissait inconcevable, et donc la preuve d'un complot. Les cours ont été quasiment suspendus pendant une semaine pour laisser place à des classes d'intervention. » [...] Quelques semaines après les attentats du 13 novembre 2015, incrédule [...], [elle] observe les recherches d'un binôme de lycéens sur les origines de Daesh. Smartphone en main, un des deux jeunes vient montrer à l'enseignante une vidéo [intitulée] : « Terrorisme – Un rabbin balance tout ». Pêle-mêle, le rabbin évoque le supposé entraînement d'islamistes par les agents de la CIA, le Mossad, la franc-maçonnerie, avec comme fil rouge un Daesh manipulé par de grandes puissances[1].

Face aux fractures culturelles vertigineuses que faisaient apparaître les attentats eux-mêmes et les divergences quant à leur interprétation, des remises en cause radicales s'imposaient à l'ensemble de la société française. Las ! Au-delà des effets de manche et de solennité (« Notre pays est à un tournant », « Refonder la république pour que tout le monde sente qu'il en fait partie », etc.), les élites politiques et médiatiques n'ont rien changé à leur programme de réformes néolibérales, qui produisent méthodiquement atomisation et ségrégation sociales. Pour casser la dynamique de recrutement djihadiste et limiter les risques de passage à l'acte (ou de récidive), les pouvoirs publics ont créé des « centres de déradicalisation » (sic). Et pour répondre aux phénomènes d'indulgence et de déni vis-à-vis de l'islamisme, la solution promue fut : l'éducation aux médias et à l'Internet. Pas question de mettre en cause le fonctionnement global d'une société « à la dérive » – consumériste, inégalitaire et sans projet collectif[2]. Pas question non plus de mettre en cause l'usage endémique des réseaux sociaux qui enferment chacun dans un couloir d'opinion et altèrent le rapport à la réalité. Non, il suffit que

1. Romain Huck, « Génération "théorie du complot" », *Rolling Stone*, 17 mars 2016.
2. Voir Cornelius Castoriadis, *Une société à la dérive. Entretiens et débats (1974-1997)*, Paris, Le Seuil, 2005.

les jeunes apprennent à mieux se servir des technologies dont ils disposent.

C'est l'heure de gloire de l'Observatoire du conspirationnisme, un site Internet fondé en 2007 par un jeune journaliste-chercheur jusque-là peu connu, Rudy Reichstadt. Les pouvoirs publics et les médias se tournent vers lui parce qu'il a pointé précocement la montée du conspirationnisme en France et qu'il est supposé détenir des pistes pour le faire reculer. Disciple de Régis Debray et Pierre-André Taguieff (dont les travaux l'ont mis sur la piste du danger complotiste et antisémite), sa référence politique fut longtemps Manuel Valls, justement Premier ministre au moment des attentats de 2015. Aujourd'hui, il est devenu un soutien d'Emmanuel Macron, ce qui rend d'autant plus notable le rôle qu'il attribue de manière très claire à Internet dans l'épidémie de complotisme dont il est l'épidémiologue officiel :

> [Internet et les réseaux sociaux sont] un des facteurs qui font le succès du conspirationnisme contemporain. Notre environnement technique a changé depuis vingt-cinq ans, et cela donne une prime aux croyances en général, et aux croyances conspirationnistes en particulier. Ça a permis à des mythes, de vieilles théories, certaines confidentielles ou confinées dans la marginalité politique, de trouver tout d'un coup un formidable levier pour se diffuser et se répandre dans l'opinion[1].
>
> Pour trouver des contenus négationnistes, antisémites aussi violents, il fallait auparavant se diriger vers des librairies d'extrême droite. Maintenant, c'est à portée de clic[2].
>
> [Ce qui a changé] au début des années 2000, c'était le réel succès rencontré par [les thèses complotistes] avec la conjonction de deux

1. Extrait d'une interview donnée au *Journal du Pays* le 18 janvier 2018, « Étude à l'appui, Rudy Reichstadt explique en quoi le complotisme est un "phénomène social majeur" » (le-pays.fr).

2. Cité dans l'article de Romain Huck, « Génération "théorie du complot" », *op. cit.*

phénomènes : le 11 septembre 2001 et la pénétration d'Internet dans les foyers. [...] C'est l'exemple typique d'une technologie qui vient bouleverser en quelques années le monde des idées. Je pense qu'on assiste au même type de révolution avec Internet [qu'avec l'imprimerie à l'époque de la Réforme protestante] et notamment avec le triptyque : haut débit/réseaux sociaux/smartphone. Le haut débit permet à tous de regarder et de produire des vidéos très facilement. Le smartphone permet de démultiplier tout cela : chacun de nous ou presque a désormais en permanence Internet dans sa poche, ainsi que la possibilité de n'être plus seulement consommateur passif de contenus, mais de publier à chaque instant du son, de l'image, de l'écrit. Autrement dit, nous devenons tous des journalistes en puissance, mais sans la formation, la méthode et la déontologie qui vont habituellement avec. Quant aux réseaux sociaux, ils permettent de faire communauté. Là où auparavant, on aurait peut-être été découragé dans notre quête de vérité alternative, ils nous mettent instantanément en lien avec des gens qui, non seulement pensent comme nous, mais vont aussi nous alimenter. On est galvanisé dans notre recherche d'une vérité alternative là où, autrefois, on pouvait rapidement être découragé, faute d'entrer en contact avec des personnes qui partagent notre quête[1].

Tout cela est juste et devrait logiquement mener à une réflexion sur la pertinence d'avoir tous des smartphones, ou sur la volonté politico-industrielle d'aller constamment vers des débits plus élevés – fibre optique et 5G, en attendant plus encore. Mais chez Reichstadt comme chez les autres penseurs autorisés de « l'éducation aux médias et à Internet », on ne trouvera jamais l'idée que l'addiction individuelle et collective à l'Internet est un problème en tant que tel, sanitaire, social et politique. *Ils ne diront jamais qu'il faut moins d'Internet : ce qu'il faut, selon eux, c'est éduquer à Internet.* C'est-à-dire rééduquer le complotiste *à monde inchangé*. Une tâche titanesque en

1. Extrait d'une interview donnée au site Internet du Conseil national du numérique, (cnnumerique.fr), « Six questions à Rudy Reichstadt, fondateur de Conspiracy Watch : "le complotisme est une passerelle entre des discours extrémistes" ».

pratique, qui relève du fameux impératif néolibéral et industrialiste pointé par Barbara Stiegler : « il faut s'adapter[1] ». Dans la perspective platement progressiste d'un Reichstadt, faire le constat qu'un dispositif technologique ultramoderne produit effectivement de la régression sociale, intellectuelle, morale, est inconcevable. C'est aux individus, aux éducateurs, aux associations, aux administrations, de s'adapter à une situation hors de toute mesure et de tout sens, dépourvue de solution. Car comment peut-on former des esprits éclairés en les exposant jusqu'à quinze heures par jour à des flux d'images – souvent grossières, violentes, ou simplement insignifiantes – venant du monde entier, hiérarchisées par des algorithmes dont les créateurs disent eux-mêmes (faut-il les croire ?) qu'ils leur échappent en partie[2] ?

Cela ne peut pas marcher. C'est ce que suggère d'ailleurs la contribution manifeste de l'Internet haut débit à la montée en puissance, partout dans le monde, des mouvements (ou régimes) autoritaires, nationalistes et intégristes religieux. Cette contribution est attestée par les enquêtes de journalistes ou de chercheurs, aussi bien sur le phénomène QAnon et la galaxie trumpiste aux États-Unis[3], que sur la mouvance Soral-Dieudonné en France et le djihadisme global[4]. Il va de soi que les technologies de l'information et de la communication ne sont pas le seul facteur de développement de ces différents mouvements régressifs. Mais le fait qu'elles en constituent un ingrédient non négligeable devrait suffire à provoquer un choc intellectuel et existentiel dans notre société.

Il faut se souvenir des discours apologétiques tenus par la grande majorité des journalistes, des chercheurs en sciences humaines, des politiciens, mais aussi des groupes contestataires de gauche, à

1. Barbara Stiegler, *« Il faut s'adapter ». Sur un nouvel impératif politique*, Paris, Gallimard, 2019.

2. Florian Reynaud, « Chez Facebook, un algorithme qui échappe au contrôle de ses créateurs », *Le Monde*, 27 octobre 2021.

3. Wu Ming 1, *Q comme qomplot, op. cit.*

4. Voir Marc Weitzmann, *Un temps pour haïr*, Paris, Grasset, 2018 ; et Gilles Kepel (avec Antoine Jardin), *Terreur dans l'Hexagone. Genèse du djihad français*, Paris, Gallimard, 2016.

l'arrivée d'Internet dans les foyers autour de l'an 2000. Aussi bien d'un point de vue centriste – démocrate-chrétien ou social-démocrate –, que d'un point de vue anticapitaliste, la diffusion d'Internet était censée avoir en elle-même des effets émancipateurs prodigieux. Pour les uns, elle allait favoriser la chute des dictatures et promouvoir le modèle de « démocratie » parlementaire à travers le monde. Pour les autres, elle allait aider décisivement la construction d'un puissant mouvement transnational d'opposition au capitalisme, dont les contre-sommets de Seattle, Gênes ou Davos n'étaient que les prémices ; un mouvement organisé en réseau, à l'abri du risque de bureaucratisation qui avait gangrené les mouvements-partis du siècle précédent, grâce à l'horizontalité et la transparence du Web, de ses sites partagés, de ses « listes mails ». Vingt ans plus tard, on ne peut que constater que ce n'est ni l'association d'éducation populaire Attac ni une hypothétique Alliance mondiale des peuples pour l'autonomie, composée de gilets jaunes, de zapatistes et d'insurgés turcs (2013) ou chiliens (2019), qui ont le plus bénéficié du développement d'Internet. Ce sont d'abord des internationales libertariennes d'extrême droite, fondamentalistes religieuses ou néoimpériales à la Poutine, qui attisent (entre autres) les lectures complotistes de l'époque.

Pour expliquer cette situation « inattendue », le rôle des algorithmes, créés notamment par les moteurs de recherche et les réseaux sociaux de la Silicon Valley, est de plus en plus pointé du doigt. Rudy Reichstadt explique ainsi :

> Sur YouTube, sept contenus visionnés sur dix sont des contenus qui ont fait l'objet d'une recommandation algorithmique. [...] Aujourd'hui, il y a plus de platistes qu'il y a dix ans. Pourquoi ? Est-ce parce que [la] Flat Earth Society [groupe fondamentaliste chrétien créé dans les années 1950] a été particulièrement active ? Pas du tout, elle n'a apparemment eu aucun rôle dans le développement contemporain du platisme. Ce qui a eu un rôle crucial, c'est YouTube. Sans YouTube, ses algorithmes de recommandation et son stock de milliers d'heures de vidéos complotistes et platistes, il

> n'y aurait pas aujourd'hui de congrès internationaux réunissant des activistes de la Terre plate[1].

Dans son enquête sur la genèse du djihadisme contemporain, *Un temps pour haïr*, le journaliste Marc Weitzmann va plus loin. Plusieurs passages de son essai illustrent le rôle puissant joué par la vidéo en ligne et l'ordiphone mobile, dans la déformation des subjectivités qui favorise l'enrôlement terroriste. Les pages consacrées à Hasna Aït Boulahcen, la cousine d'Abdelhamid Abaoud (le logisticien des attentats du 13 novembre 2015), sont particulièrement saisissantes. Dans les jours suivant ces massacres, Aït Boulahcen était chargée par son cousin de lui trouver une «planque» et de réceptionner pour lui l'argent nécessaire à d'autres actions meurtrières en région parisienne. Les écoutes téléphoniques de la police, restituées par Weitzmann, donnent à voir comment l'usage frénétique du smartphone, en continu pendant son temps de veille, permet à la jeune femme d'échapper au réel et à la part qu'elle y prend. Même quand elle retire l'argent d'Abaoud à la Poste de Bobigny, la poursuite de diverses conversations à distance fait qu'elle n'est qu'à moitié là, elle n'a pas à penser à ce qu'elle est en train de faire. Ce qui tombe bien, puisque précisément, elle ne sait pas vraiment ce qu'elle pense des tueries de «mécréants» organisées par son cousin. Quand elle confie à un de ses interlocuteurs qu'elle n'arrive pas à dormir et qu'elle est secouée par des crises de larmes, celui-ci s'exclame justement : «Ah ouais, oh là là ! T'as trop pensé[2]… »

Weitzmann consacre aussi quelques pages à la théorie de l'information de Claude Shannon, et à l'hypothèse d'une affinité entre cette théorie et la diffusion virale de mots d'ordre simplistes et fondamentalistes.

> Dans un tel cadre [dit-il à propos des écrits de Shannon], le pouvoir d'une information ne dépend plus de sa véracité, mais de son état

1. «Six questions à Rudy Reichstadt… », *op. cit.*
2. Marc Weitzmann, *op. cit.*, p. 219.

> de réel, c'est-à-dire de la simplicité et de la vitesse avec lesquelles elle se transmet. [...] À cette aune, *il n'y a pas d'autre Dieu que Dieu* est de l'information dans sa forme la plus pure. *Les Juifs sont des hypocrites, les Arabes sont tous violeurs* n'est pas tellement loin derrière. [...] L'expérience conduite en 2016 par Microsoft avec le robot conversationnel Tay semble confirmer cette nature virale, pour ainsi dire a-subjective, de la haine, en particulier chez les jeunes : conçu pour dialoguer de façon spontanée et rigolote avec des internautes entre 18 et 24 ans, le robot qui « apprenait à parler » à partir de millions de conversations et d'échanges de cette classe d'âge sur les réseaux sociaux analysés par son programme s'est très vite mis à faire « spontanément » l'éloge de Hitler, à affirmer que les attentats du 11-Septembre étaient l'œuvre de la CIA et à nier l'Holocauste. Il a dû être mis hors d'usage[1].

Pourtant, malgré cette somme d'anecdotes et d'analyses à charge, jamais ces auteurs ne s'intéressent à l'idée de réfréner ou arrêter le développement des technologies de pointe. Car leur propos reste au fond de défendre la société occidentale telle qu'elle est. C'est le syndrome de l'« empire du moindre mal », comme dirait Jean-Claude Michéa : les aberrations multiples de cette société ne peuvent remettre en cause le fait qu'elle est irrémédiablement la moins pire possible[2]. Nul besoin, donc, de la transformer, pour éliminer ces aberrations. Pour un Reichstadt, nous vivons déjà en démocratie, dans des sociétés ouvertes où la libre discussion est possible et accessible au plus grand nombre. Son discours élude complètement la concentration extraordinaire du pouvoir dans nos sociétés industrielles avancées, l'existence de fossés économiques et culturels terribles entre les classes sociales, aussi bien que la catastrophe écologique qui fait avant tout l'objet d'exagérations à ses yeux. Non, le mal principal de notre époque, c'est le complotisme (et son corollaire l'antisémitisme), auquel « il faut

1. *Ibid.*, p. 100 et 102.
2. Voir Jean-Claude Michéa, *L'Empire du moindre mal. Essai sur la civilisation libérale*, Paris, Flammarion, 2021 [2007].

impérativement cesser de trouver des excuses[1] » et qu'il faut combattre le cas échéant par des poursuites judiciaires – contre les plateformes et contre les personnes qui diffusent les messages complotistes.

Les analyses de Weitzmann sont autrement plus subtiles et permettent de penser une partie des dégâts du mode de vie industriel sur les psychés. Elles pointent, directement ou indirectement, le déracinement socioculturel, l'abrutissement par le flux d'images que produisent les industries culturelles, les troubles de la personnalité relevant du narcissisme ou de la « mentalité de survie »[2]... Mais aveuglé par la peur des « anti-Lumières », ignorant des courants de pensée qui ont critiqué la modernisation au nom des valeurs d'émancipation modernes (les romantiques anglais, de Byron à Orwell ; la critique culturelle allemande de gauche, et notamment l'École de Francfort ; les libres penseurs chrétiens français tels que Simone Weil ou Bernard Charbonneau...[3]), Weitzmann s'interdit une critique cohérente de nos sociétés développées.

« Fake news » : la certification douteuse d'un flot d'informations incontrôlable

Un autre moment fort dans la construction du problème social et médiatique du complotisme fut la promulgation d'une loi contre les fausses informations (*fake news*) au début du premier quinquennat d'Emmanuel Macron. Le président de la République en parle

1. Interview de Reichstadt par Luc Cédelle, « Il faut impérativement cesser de trouver des excuses au complotisme », *Le Monde*, 25 novembre 2021.

2. Sur ces notions de narcissisme et de « mentalité de survie », voir les deux ouvrages fondamentaux de Christopher Lasch, *La Culture du narcissisme. La vie américaine à un âge de déclin des espérances*, Paris, Flammarion, 2018 [1979] ; et *Le Moi assiégé. Essai sur l'érosion de la personnalité*, Paris, Flammarion, 2008 [1984].

3. Voir à ce propos Michael Löwy & Robert Sayre, *Révolte et mélancolie. Le romantisme à contre-courant de la modernité*, Paris, Payot, 1992 ; Aurélien Berlan, « Critique sociale et critique culturelle », *L'Inventaire*, n° 1, 2014 ; Matthieu Amiech, « L'indispensable alliage », *L'Inventaire*, n° 3, 2015.

pour la première fois lors de ses vœux à la presse le 3 janvier 2018. Initialement, ce projet avait choqué bon nombre de journalistes, qui sentaient qu'une telle mesure pouvait ouvrir la porte à des restrictions de la liberté d'information et de débat. Depuis, la profession a pris l'habitude de se définir contre les « faits alternatifs » et ceux qui les portent, elle fait globalement corps avec le pouvoir politique pour les pointer du doigt. Des repères éthiques essentiels ont ainsi été déplacés en quelques années.

La loi voulue par Macron est dirigée précisément « contre la manipulation de l'information » en période électorale. Or, la diffusion de fausses nouvelles était déjà punie par la loi du… 27 juillet 1849 sur la presse, votée pendant la courte vie de la IIe République. On y lisait : « La publication ou reproduction, faite de mauvaise foi, de nouvelles fausses, de pièces fabriquées, falsifiées ou mensongèrement attribuées à des tiers, lorsque ces nouvelles ou pièces seront de nature à troubler la paix publique, sera punie d'un à deux ans d'emprisonnement, et d'une amende de cinquante à mille francs. » Ce passage avait été repris tel quel, simplement avec des amendes plus élevées, par la loi sur la liberté de la presse de 1881, qui est un des piliers de la liberté d'expression dans la France moderne. Enfin, un article du Code électoral réglementait également de longue date la circulation des informations pendant les campagnes électorales : « Ceux qui, à l'aide de fausses nouvelles, bruits calomnieux ou autres manœuvres frauduleuses, auront surpris ou détourné des suffrages, déterminé un ou plusieurs électeurs à s'abstenir de voter, seront punis d'un emprisonnement d'un an et d'une amende de 15 000 euros » (article L97).

Alors, pourquoi surenchérir en 2018 ? À l'évidence pour adapter la loi à l'époque d'Internet, des réseaux sociaux, etc. Mais on voit bien que Macron n'a pas procédé à une simple actualisation de lois anciennes aux principes très clairs, il en a fait voter une nouvelle, dont la mise en scène est aussi importante que le contenu. Dès mars 2016, c'est-à-dire plusieurs mois avant de se déclarer candidat à l'élection présidentielle, le ministre Macron s'était doté d'une équipe d'avocats chèrement payés pour riposter aux attaques le visant sur Internet

– propos diffamatoires et atteintes à sa vie privée[1]. Peu après son élection, il fait état de son mécontentement à Vladimir Poutine dans une conférence de presse commune : il dénonce de fausses informations, possiblement diffusées par des Russes afin de déstabiliser le scrutin dont il est tout de même sorti vainqueur. Puis, en 2018, il annonce son projet de loi. Certains en ont déduit qu'il avait des choses particulières à cacher, plus encore que les hommes qui l'ont précédé au pouvoir – il fait montre d'une paranoïa particulière, qui suscite en retour une paranoïa particulière dans la population. D'autres soulignent plutôt que cette loi vise à le protéger, lui, sa famille et ses partisans – le parti de ceux qui défendent explicitement le système économique et politique en place, et doivent donc prendre des dispositions contre de possibles troubles sociaux.

Mais là n'est pas le plus remarquable, politiquement parlant. Le plus remarquable, c'est que *Macron craint la circulation libre de l'information sur Internet alors que la numérisation de la société est le cœur de son projet politique.* Lui et sa loi anti-*fake news* s'inscrivent dans la perspective du « nouvel âge digital », annoncé en 2013 par le livre-manifeste de Jared Cohen et Eric Schmidt, à l'époque respectivement directeur de Google Ideas et président du conseil d'administration de Google[2]. Ce que ces auteurs prônaient dans leur ouvrage, c'était une régulation et un contrôle sévères de l'information sur Internet, dans un monde dont les habitants deviennent totalement dépendants d'Internet. Ils appelaient de leurs vœux une numérisation toujours plus poussée de la vie personnelle et des pratiques sociales – et ils mettent tout en œuvre dans leur action quotidienne pour qu'il en soit ainsi –, tout en mettant en garde contre les conséquences sociales dissolvantes de ce « transfert ».

1. Mélanie Delattre, « Avant la loi, le commando "anti-fake news" du candidat Macron », *Le Point*, 10 janvier 2018.

2. Jared Cohen & Eric Schmidt, *À nous d'écrire l'avenir. Comment les nouvelles technologies bouleversent le monde*, Paris, Denoël, 2013. En anglais, le titre est nettement moins « participatif » : *The New Digital Age: Reshaping the Future of People, Nations and Business.*

> L'Internet est la plus vaste expérience d'anarchie de l'histoire. À chaque instant, des centaines de millions de personnes créent et consomment un volume indicible de contenu numérique dans un monde en ligne qui n'est pas vraiment contingenté par des lois terrestres.
>
> À l'échelon mondial, l'effet le plus significatif de la banalisation des technologies de la communication sera la redistribution vers l'individu des pouvoirs détenus par les États et les institutions[1].

Aussi douteuse que soit cette dernière affirmation, on est frappé par la position schizoïde qu'elle est censée étayer : l'humanité est vouée par ces magnats à passer son temps sur Internet, mais cela même rend l'utopie de la liberté de l'information (claironnée au début de l'Internet grand public) dangereuse. Pour Schmidt et Cohen, si les États et les grandes compagnies ne fixent pas des limites et des règles claires à la vie en ligne, si le flot nécessairement croissant d'informations n'est pas canalisé et normalisé comme l'est toute production industrielle, il en découlera de dangereux mouvements de contestation et un chaos incontrôlable. La parenté avec la ligne de conduite macronienne est très nette : le PDG de la *start-up nation* France mène des politiques volontaristes de numérisation des services publics, d'informatisation de l'enseignement et d'investissements tous azimuts dans les hautes technologies ; et en même temps, il ouvre la voie à la censure de certaines informations sur Internet, il enjoint les plateformes à prendre des mesures contre la diffusion de nouvelles fausses ou *susceptibles de générer des troubles à l'ordre public*. Autrement dit, il se méfie comme de la peste de ce qu'il considère pourtant comme le plus sûr vecteur de croissance et de prospérité, le meilleur moyen à sa disposition pour pérenniser l'emprise de la technocratie sur les masses connectées.

Le message envoyé à la population relève du *double bind* : « Vous devez vivre de plus en plus sur Internet pour exister socialement et

1. Jared Cohen & Eric Schmidt, *À nous d'écrire l'avenir*, *op. cit.*, p. 11 et 16.

accéder au monde ; mais attention, il est risqué de s'informer sur Internet, et vous ne devez donc le faire que sur des sites certifiés et avec des sources labellisées. » Du point de vue des couches dirigeantes, la contradiction est savoureuse : une fois qu'on a fait entrer dans la tête (et le corps) de la plupart des gens que le summum de la liberté politique est de s'informer et débattre en ligne, et qu'ils n'imaginent plus le faire autrement, on crée des moyens de contrôle de l'information et du débat qui auraient été très difficiles à mettre en œuvre *in real life* sans une terreur physique. Ce que je veux dire, c'est que dans notre monde, les autorités n'ont aucun besoin d'arrêter et jeter en prison la moitié du groupe d'opposants à la 5G de Lons-le-Saunier ou de Rotterdam. Il suffit de supprimer leur groupe Facebook ou leur vidéo sur YouTube, au motif que mettre en question la 5G en général est associé par les États et les Gafam[1] aux thèses « criminelles » faisant un lien entre épidémie de Covid et ondes électromagnétiques[2].

Covid-19 : l'obsession de la contagion

Nous voici arrivés à la troisième étape de la construction de la figure du Mal complotiste, celle de l'hystérie et de la confusion radicales : l'épisode pandémique de 2020-2022, avec sa gestion catastrophiste et autoritaire[3]. Cet épisode est, entre autres, marqué par une expérience inédite de contrôle de l'information à l'échelle mondiale, à la mesure de la défiance manifestée par une partie non négligeable (et très diverse socialement) de la population à l'égard des discours officiels.

Dès le début de cette affaire, la chasse aux fausses nouvelles prend une intensité et une centralité extraordinaires. Certes, on

1. Gafam est un acronyme pour Google, Amazon, Facebook, Apple et Microsoft.

2. Voir les articles en ligne, édifiants de confusion, de Pauline Dumonteil, « Facebook supprime des groupes conspirationnistes liant la 5G au coronavirus », BFM TV, 14 avril 2020 (bfmtv.com) ; et de Mathieu Tamigniau, « 5G, anti-5G : deux professeurs d'université répondent à toutes vos questions », RTL info, 28 avril 2020, (rtl.be).

3. Voir ma brochure « Ceci n'est pas une crise sanitaire », de septembre 2021, disponible auprès des éditions La Lenteur, ainsi que les textes de Pierre Bourlier et Paul Kingsnorth mentionnés en introduction.

comprend bien qu'à partir du moment où les autorités adoptent l'hypothèse qu'une catastrophe sanitaire majeure prend forme, la situation exige une discipline sociale et donc un accord à peu près général sur la situation. Mais cet impératif de discipline sert de prétexte à la création d'une atmosphère étouffante d'orthodoxie et de chasse aux hérétiques, à laquelle contribuent aussi bien de grands médias traditionnels (France Inter, *Le Monde*...) que les réseaux sociaux. À compter de début mars 2020 sont considérées comme inacceptables et dangereuses toutes les informations ou thèses qui accréditent l'idée que l'épisode pandémique aurait été organisé par des forces politiques et industrielles ; mais aussi toutes les opinions qui dédramatisent simplement l'épidémie de Covid-19, en comparaison de la gravité absolue que lui attribuent la majorité des gouvernements, des sommités du monde médico-scientifique... et des médias. Dans ce contexte, relativiser la gravité du coronavirus eu égard à d'autres problèmes de santé publique préexistants, ou questionner l'ampleur des restrictions mises aux libertés civiles élémentaires, peut suffire à être taxé de complotiste, au même titre que les tenants d'une «plandémie» totalement orchestrée et maîtrisée par Bill Gates ou Klaus Schwab.

Dans un contexte d'incertitude très forte (au début) et de grande confusion (tout du long) sur ce qui était en train de se passer, les médias *mainstream* et la majorité des responsables politiques de par le monde ont fait comme si une vérité très claire existait et, en dehors de l'épisode Raoult pendant quelques semaines (finalement tranché violemment à son détriment, alors que le flou persiste[1]), ils ont globalement nié l'existence de controverses scientifiques et médicales autour du Covid, des remèdes et des vaccins proposés pour l'atténuer ou l'arrêter. Il est indéniable que tout et n'importe quoi a été dit par les sceptiques à l'égard de la version officielle des

1. Voir à ce propos la synthèse de Laurent Mucchielli, dans son livre *La Doxa du Covid.* Tome 1 : *Peur, santé, corruption et démocratie*, Bastia, Éolienne éditions, 2022, où il résume des éléments d'enquête détaillés dans le tome 2 – *Enquête sur la gestion politico-sanitaire de la crise du Covid* – par lui et par d'autres chercheurs, dans les chapitres I à IX, puis XI et XII.

évènements : le Covid-19 a peu de chances d'être à la fois une simple grippette qu'on pourrait soigner simplement à tout coup, une maladie causée par les effets inconnus et potentiellement redoutables des nouvelles ondes 5G, le résultat d'une fuite de laboratoire masquée par le pouvoir « communiste » chinois, et une invention des gouvernements occidentaux pour terroriser leur population. Mais si seulement le manque de rigueur et de fiabilité avait été l'apanage des sceptiques et autres complotistes patentés !

Souvenons-nous des prévisions apocalyptiques de l'épidémiologiste de l'Imperial College, Neil Ferguson, au début de mars 2020, sur la base desquelles la stratégie du confinement a été adoptée en France et dans de nombreux pays : même parmi ceux qui considèrent avec le recul qu'une telle option s'est avérée utile pour limiter le nombre de morts, personne ne défend aujourd'hui les estimations de Ferguson qui prédisaient 500 000 morts en quelques semaines dans les pays de la taille de l'Hexagone. Mais personne non plus, parmi les tenants du narratif officiel du Covid, ne critique l'aura de ce personnage, ni ne l'accuse d'avoir diffusé une fausse nouvelle dommageable pour la santé publique. De même, les journalistes qui ont enquêté à charge sur Didier Raoult, en qualifiant son influence sur une partie de l'opinion de « folie française[1] », se sont bien gardées de faire un travail du même type à l'encontre de Ferguson et de sa folie statisticienne[2]. Quant au scientifique américain Peter Daszak, il est notoirement soupçonné d'avoir cherché à détourner l'attention du laboratoire P4 de Wuhan, en impulsant au mois de février 2020 la publication d'une tribune de chercheurs assurant que le Sars-cov-2 avait été transmis aux humains par un animal sauvage. Cette certitude est progressivement devenue peu crédible et l'hypothèse de la fuite de laboratoire – d'un laboratoire auquel Daszak a beaucoup collaboré – est devenue très sérieuse, aux

1. Ariane Chemin & Marie-France Etchegoin, *Raoult, une folie française*, Paris, Gallimard, 2021.

2. Ce travail a par contre été entamé par les anthropologues du CNRS Anthony Stavrianakis et Laurence Tessier dans leur article en anglais, « Go Suppress Yourself. A Chronicle », publié le 20 mai 2020 sur <somatosphere.net>.

yeux mêmes des grands médias qui la considéraient comme complotiste au départ[1]. Pour autant, Daszak ou ses proches collègues n'ont pas été mis à l'index de manière conséquente dans ces médias, très loin du traitement réservé à un Christian Perronne ou un Luc Montagnier, traités comme d'authentiques charlatans.

Dernier exemple de cette étonnante conjugaison de plasticité (du contenu) et de rigidité (de l'enveloppe) de la doxa covidienne : le mémoire remis par Olivier Véran au Conseil d'État, en mars 2021, suite à la plainte d'un octogénaire déjà vacciné à cette époque, et souhaitant à ce titre échapper aux limitations de circulation prévues par le troisième confinement. Le ministre de la Santé y plaidait le refus de cette « dérogation » (ce en quoi il fut suivi par le Conseil d'État) en énumérant quatre raisons de ne pas (encore) différencier les règles de circulation des vaccinés et des non-vaccinés : primo, l'efficacité des vaccins injectés depuis décembre 2020 en Europe n'était selon lui que « partielle » ; secundo, elle était « particulièrement contingente du fait de l'apparition de nouveaux variants » ; tertio, les personnes âgées ou « à risque », même vaccinées, pouvaient encore développer des formes graves de Covid ; enfin, « [ce] vaccin n'empêche pas de transmettre le virus aux tiers. L'impact de la vaccination sur la propagation du virus n'est pas encore connu[2]. »

Autant dire qu'il s'appuyait sur plusieurs des arguments couramment employés, dès les débuts de la campagne vaccinale de 2021, par les citoyens rétifs à l'injection des produits de Pfizer, Moderna, Janssen et Astra Zeneca ! Arguments qui furent ensuite martelés par les opposants au passe sanitaire, puis au passe vaccinal début 2022, une fois avéré que ces « vaccins » n'empêchaient nullement une

1. Voir la synthèse du biophysicien François Graner à ce sujet, dans son article « Devons-nous arrêter la recherche ? », publié le 30 septembre 2021 sur le site <piecesetmaindoeuvre.com>. Voir aussi l'article d'Yves Sciama, dans *Le Monde* (supplément *Science & médecine*) du 9 novembre 2022, « Virologie : l'ombre du Covid sur des expériences à haut risque », à des années-lumière de la chronique du décodeur en chef, William Audureau, le 31 mars 2020, sur « L'étrange obsession d'un quart des Français pour la thèse du virus créé en laboratoire ».

2. Voir Marion Dubreuil, « Un octogénaire demande au Conseil d'État à être déconfiné après avoir été vacciné », Europe 1, 30 mars 2021 (europe1.fr).

circulation *massive* du coronavirus. Mais ce croisement inattendu n'a rien changé aux coordonnées du débat : personne, dans les médias autorisés, ne s'est étonné de retrouver dans la bouche du ministre les convictions de gens qu'eux-mêmes traitaient constamment avec mépris et que les réseaux sociaux s'empressaient de censurer.

Malgré la confusion ambiante, ces derniers ont en effet massivement utilisé des procédures automatiques de distinction entre informations fiables et *fake news*, entre pensées saines et pensées « criminelles ». À l'occasion de l'épisode pandémique, les réseaux sociaux ont achevé leur métamorphose de plateformes encourageant « le plus d'expression possible » (Mark Zuckerberg) en gendarmes de l'information sur Internet. Pour se faire une idée des mobiles et du fonctionnement de ce ministère électronique de la Vérité, on peut parcourir le bulletin d'étape de la lutte contre les fausses informations publié par Facebook le 16 avril 2020, en plein confinement intercontinental :

> Depuis que l'Organisation mondiale de la santé (OMS) a qualifié l'épidémie du Covid-19 d'urgence sanitaire mondiale, nous nous efforçons de proposer aux utilisateurs des informations vérifiées fournies par des experts de la santé :
>
> * Nous avons redirigé jusqu'à présent près de 2 milliards d'utilisateurs vers des informations émanant des autorités de santé publique, à travers notre centre d'information Covid-19.
>
> * Plus de 350 millions d'utilisateurs ont cliqué sur nos messages pédagogiques pour en savoir plus sur Facebook et Instagram. [...]
>
> * Au cours du mois de mars, nous avons affiché des avertissements sur plus de 40 millions de publications Facebook, sur la base de 4000 évaluations de nos partenaires fact-checkeurs. Lorsque les utilisateurs voient ces étiquettes de mise en garde, dans plus de 95 % des cas, ils ne vont pas plus loin et ne consultent pas le contenu. [...]
>
> Pour lutter contre les fausses informations, nous travaillons avec plus de 60 organismes de fact-checking qui examinent et évaluent les contenus dans plus de 50 langues à travers le monde – en France, nos 5 partenaires sont l'AFP, *Le Monde*, *20 Minutes*, *Libération* et France

> 24. [...] En parallèle de cette collaboration avec les médias vérificateurs d'informations, nous continuons de supprimer les fausses informations qui pourraient représenter un danger imminent pour la santé. Au cours du mois de mars, nous avons supprimé des centaines de milliers de contenus liés au Covid-19 qui ne respectaient pas nos standards relatifs aux fausses informations. Par exemple, des affirmations selon lesquelles l'eau de Javel permettrait de guérir du virus, ou encore des théories selon lesquelles les jeunes sont immunisés contre le Covid-19. [...]
>
> Pour soutenir davantage le travail de nos partenaires de fact-checking pendant cette période, nous avons récemment annoncé la première série de bénéficiaires de notre programme de subventions d'un million de dollars en partenariat avec l'International Fact-Checking Network. Treize organisations de fact-checking dans le monde ont reçu des subventions pour les aider à accroître leur capacité à réaliser des projets, en Italie, Espagne, Colombie, Inde, République démocratique du Congo et dans d'autres pays. Nous annoncerons d'autres bénéficiaires dans les semaines à venir[1].

Dans ce langage aseptisé par le scientisme et la bonne conscience, le tycoon capitaliste Facebook se pose en acteur et garant du bien public – vu d'abord comme ordre public. L'entreprise s'autorise à censurer les affirmations qui s'écartent de ce que disent les experts de la santé, notamment ceux de l'OMS. Pas question de laisser les personnes juger par elles-mêmes de la pertinence de tel récit ou telle thèse, la plateforme se fait un devoir d'étiqueter ce qui est une vérité émanant des autorités sanitaires et ce qui relève du « mythe ». Elle recourt aux services de « *fact-checkers* », travaillant parfois dans des médias financés par les oligarques de la téléphonie mobile, mais qu'il lui paraît indispensable de subventionner en sus. Ces subventions sont un véritable hommage du vice à la vertu, dans la mesure où, on l'a vu sur d'autres sujets, le fonctionnement même des algorithmes

1. Voir « Facebook : de nouvelles mesures pour lutter contre les fausses informations liées au Covid-19 » sur <about.fb.com>.

de recommandation alimente les intuitions et convictions hétérodoxes d'une partie importante des utilisateurs[1]. Dans un *feed-back* permanent et infernal, Facebook alimente donc l'hétérodoxie tout en renforçant l'orthodoxie… quand ce n'est pas l'inverse.

On peut se faire une bonne idée de cette contribution sans pareille à la confusion et à l'hystérie de cette période à propos du sujet très sensible de la vaccination anti-Covid. Dans la série d'articles du *Monde* consacrés aux « Facebook files », on apprend ainsi que, « hasard ou sens de l'anticipation » (sic), un ingénieur de Facebook avait mis au point à la fin de 2019 un outil informatique de « détection des messages antivaccination ou proposant des remèdes miracles », permettant de contrôler leur circulation. Au fil de l'année 2020, une série de problèmes techniques se posent :

> Les ingénieurs de l'entreprise [se rendent compte que leur programme d'intelligence artificielle, capable de détecter et classer les messages sur le Covid-19] comporte un manque essentiel : le classifieur a été conçu pour les publications, et ne fonctionne pas pour les commentaires. Or, ces derniers sont un canal de diffusion privilégié pour les messages antivaccination, souligne un rapport non daté, mais intitulé « mise à jour de confinement » […]. « L'hésitation vaccinale est omniprésente dans les commentaires, écrit l'auteur. Notre capacité à détecter les commentaires antivaccination est mauvaise en anglais, et quasiment inexistante dans les autres langues. » […]
>
> « Nos estimations récentes sont que 60 % des commentaires, sous les messages sur la vaccination les plus lus, sont opposés au vaccin », explique un document non daté, qui note que les messages violemment antivaccins s'accumulent sous les « posts » de l'Organisation mondiale de la santé ou de grands médias « neutres sur le sujet ou même provaccin ». […] Facebook a certes pu développer de nouveaux instruments de manière très rapide, mais pour changer ses règles globales sur l'hésitation vaccinale, le réseau social se

1. Voir Alexandre Piquard, Florian Reynaud, « Les "recommandations", un risque mal régulé », *Le Monde*, 28 octobre 2021.

montre... hésitant. Il faudra attendre février 2021 pour qu'une mise à jour majeure de ses règles interdise toute une série de contenus antivaccination[1].

Aussi bien le vocabulaire employé (« classifieur », « mise à jour de confinement », « notre capacité à détecter »... les mauvaises pensées) que l'atmosphère de bureaucratie en ajustement permanent pour défendre l'opinion orthodoxe font penser au travail du « héros » de *1984*, Winston Smith, au ministère de la Vérité, même si les conditions techniques ont changé. D'autant que l'article du *Monde* qui raconte tout cela ne fait rien pour dissiper la confusion rigoureuse entre « hésitation vaccinale » et « discours antivaccination » présente dans les « rapports non datés » des cadres de Facebook. Le rapprochement systématique et malhonnête entre des « critiques virulentes » contre tous les vaccins et l'« hésitation » à accepter les produits de Pfizer ou Moderna en 2021 est-il volontaire ou inconscient ? Est-il imposé par la direction (de Facebook... et du *Monde*) ou spontané, dans des esprits arasés par le conformisme du milieu où ils évoluent ?

Voilà en tout cas le contexte moral et médiatique dans lequel le complotisme devient pour de bon une affaire d'État. Le point d'orgue de cette évolution, c'est la création par le président Macron, à l'automne 2021, d'une commission sur la question du complotisme et de la désinformation, intitulée précisément « Les Lumières à l'ère numérique » et présidée par le sociologue Gérald Bronner. Comme souvent avec Emmanuel Macron, les choses sont claires, puisque Bronner est l'auteur de cette définition autoritaire : « Par théorie du complot, il faut entendre simplement une interprétation des faits qui conteste la version officielle[2]. » Définition à la fois remarquablement cohérente avec ce que nous avons vécu pendant les deux années de crise sanitaire officielle, et avec le positionnement politique d'ensemble de Bronner. Celui-ci est en effet un des défenseurs les plus

1. Damien Leloup, « Antivax : l'approche en plusieurs doses de Facebook », *Le Monde*, 28 octobre 2021.

2. Gérald Bronner, *Pour la science*, n° 249, 2015.

actifs de l'industrie, dans le débat médiatique et académique, face à toutes les critiques adressées à celle-ci sur le plan écologique, sanitaire et politique.

Une partie de ses ouvrages et de ses interventions dans la presse, depuis dix ans, sont explicitement dirigés contre le principe de précaution et contre les entraves mises à l'innovation par souci du milieu naturel et de la justice sociale. Bronner défend les pesticides et les OGM contre leurs détracteurs, forcément irrationnels à ses yeux. Il a même colporté dans la presse française une rumeur venue des industries chimiques états-uniennes, selon laquelle la défiance écologiste envers les produits de synthèse comme le chlore était responsable de l'épidémie meurtrière de choléra à Haïti en 2010. Ce qui s'est avéré être une authentique *fake news,* de l'aveu même de l'auteur. Bronner a aussi rédigé un rapport pour l'Institut Danone sur « l'inquiétant principe de précaution en nutrition, qui fait régner la peur sur l'innovation alimentaire » (sic), et il a donné des conférences pour un lobby français de l'industrie pharmaceutique, « Les entreprises du médicament ». *Last but not least*, il siège au conseil scientifique d'Areva et au conseil médical d'EDF, hauts lieux de production de vérités scientifiques officielles, contestées depuis des décennies par le mouvement antinucléaire et ses savants[1].

La présence initiale, dans la commission sur le complotisme, de Guy Vallancien, urologue et membre de l'Académie de médecine ayant défendu les laboratoires Servier pendant le scandale pharmaceutique du Mediator, a légitimement provoqué un tollé qui a abouti à l'éviction de ce chercheur sulfureux[2]. Mais la nomination d'un sociologue mercenaire, véritable ventriloque de la grande industrie, à la tête de la commission était au moins aussi scandaleuse, et donne une idée des mensonges que les institutions de la République sont prêtes à défendre dans le cadre de leur « lutte contre le complotisme ».

1. Voir Stéphane Foucart, Stéphane Horel, Sylvain Laurens, *Les Gardiens de la raison. Enquête sur la désinformation scientifique*, Paris, La Découverte, 2020, p. 287-292.

2. Voir « Irène Frachon épingle la composition de la commission sur le complotisme lancée par Emmanuel Macron », *L'Obs*, 1er octobre 2021.

Les oligarchies ne sont pas menacées par le complotisme

Au fil de ce parcours à travers les années 2010-2020, j'ai fini par accorder un peu plus de place à la construction du dispositif anti-complotiste qu'à la montée du complotisme lui-même. C'est que l'anticomplotisme, partant d'un phénomène réel, élargit le spectre du complotisme de manière inconsidérée, au point de mettre à l'index, selon l'expression de Bronner citée plus haut, (presque) tout ce qui conteste les versions officielles.

Pour autant, le phénomène complotiste lui-même n'est pas anodin et il ne s'agit pas ici de le minimiser. Il s'agit d'abord de mieux le circonscrire : le complotisme, c'est la lecture paranoïaque des faits, au-delà de ce qui peut être raisonnablement déduit de certains actes et des liens établis entre certains acteurs sociaux. Pour le dire d'une manière franche, mais qui ne donne pas pour autant de clé d'authentification sûre, *c'est la méfiance qui dépasse les bornes, ou qui est placée au mauvais endroit, à coté de la plaque*. Il s'agit aussi de se demander quel problème politique pose le complotisme quand on adopte un point de vue qui n'est pas celui des classes dirigeantes, et qui lui est même opposé. À qui et à quoi nuisent les croyances simplistes, caricaturales ou folles dans telle ou telle conspiration ? Nuisent-elles davantage aux pouvoirs politiques et industriels en place, ou aux mouvements sociaux de contestation, existants et à venir ? Pourquoi, finalement, les couches dirigeantes en font-elles un tel plat ? Leur emprise sur la société peut-elle vraiment être mise en cause par « l'épidémie de complotisme[1] » qu'elles diagnostiquent ?

Prenons un exemple auquel je me suis trouvé confronté sur un rond-point de ma région, tenu pendant un mois par des centaines de gilets jaunes en lisière d'une ville de 6 000 habitants. La première fois que je suis venu participer à ce qui s'y passait, une discussion avec de jeunes entrepreneurs de la restauration et du bâtiment, que j'étais bien en peine de « classer » politiquement, a débouché sur la

1. Selon la première page du journal *Le Monde*, le 17 novembre 2020.

question des pesticides et, plus généralement, des dangers sanitaires de la chimie. Un de mes interlocuteurs m'a expliqué avec beaucoup d'aplomb (et de références à des vidéos en ligne) que l'industrie de la chimie-pharmacie avait en fait pour but de décimer la population avec des produits nocifs. J'avais vraiment l'air d'un pisse-froid quand je répondais qu'il n'y avait pas besoin de dénoncer un projet volontaire d'empoisonnement pour s'en indigner et mettre en question frontalement le bien-fondé de la production de ce secteur.

Mettons que des centaines de milliers de personnes, ou plus, en arrivent à penser ce genre de choses, y compris au cœur des nations industrialisées : cela peut sembler un gros problème pour cette industrie et un motif d'inquiétude pour les politiciens qui, en règle générale, servent aveuglément ses intérêts. Mais y a-t-il là vraiment de quoi les inquiéter ? La radicalité apparente de cette croyance menace-t-elle l'ordre social ? Évidemment, quand on assiste à un début d'insurrection, comme en France en décembre 2018, on peut se laisser aller à croire que oui. Mais au fond, le fait de penser que l'industrie chimique ourdit un projet volontaire d'empoisonnement de la population n'est-il pas stérilisant, politiquement ? Cela ne nuit-il pas à la construction d'un mouvement de démantèlement de cette industrie, que personnellement je considère comme tout à fait nécessaire ? Entre autres, cela empêche de saisir comment les logiques de concurrence marchande et de bureaucratie (dans les entreprises comme dans les administrations) déresponsabilisent profondément les individus. Cela laisse dans l'ombre le fait que les conditions modernes de travail sont globalement incompatibles avec l'exercice d'un sens moral et de tout principe de précaution.

Je ne crois pas que ce soient là de simples coquetteries d'intellectuel libertaire. Pourquoi un produit nocif peut-il être commercialisé par une entreprise sans être testé sérieusement ? Pourquoi cela arrive-t-il couramment dans notre société industrielle capitaliste ? Pour plein de raisons, qu'il importe de saisir si on veut réellement y remédier : d'abord parce que les concurrents de cette entreprise se montrent négligents dans leurs tests, et que celle-ci a intérêt à l'être aussi pour ne pas se laisser distancer en matière d'innovation ;

ensuite, parce que les actionnaires réclament un rendement de 10 % sur les actions, cette année ; parce que moi, employé ou cadre de cette entreprise, j'ai un emprunt sur le dos et que je ne peux pas perdre mon travail en émettant des doutes, ce serait trop mal vu ; parce que l'agence de régulation publique (nationale, ou européenne) est sous la pression de lobbyistes qui ont tous les arguments qu'il faut, scientifiques, idéologiques, financiers, pour convaincre qu'il n'y a décidément pas de problème ; parce que tout le système de production et distribution de l'alimentation est construit sur l'usage immodéré de « produits phytosanitaires » (pesticides, en novlangue) et que si on interdit leur usage sans changer l'ensemble de ce système, une partie des agriculteurs sera en faillite immédiate, et il n'y aura plus assez à manger ou alors trop cher[1] ; etc.

On pourrait se dire qu'en escamotant cette complexité, pénible à affronter de fait, les complotistes cherchent à simplifier le problème pour trouver le moyen d'agir vite et fort, devant des constats sanitaires et écologiques gravissimes. Mais à part peut-être les sabotages d'antennes 5G, on ne voit pas de prises de position ou d'actions radicales qui découlent de ces « simplifications ». Sans doute peuvent-elles nourrir un sentiment général de rejet du fonctionnement capitaliste de la société, mais elles ne permettent pas d'ébranler la croyance majoritaire dans les bienfaits de la chimie lourde et des médicaments industriels. Elles n'alimentent ni la désobéissance civile des salariés de l'industrie chimique ni des luttes pour la fermeture de telles et telles usines (sur le territoire où l'on vit, ou en Inde, où les entreprises françaises font fabriquer leurs molécules)... Il me semble que la croyance dans l'idée que l'empoisonnement des humains et de la nature est volontaire suscite surtout le désir de se passer complètement des produits de la chimie-pharmacie à titre individuel, ce qui est extrêmement difficile (voire impossible) à très court terme, même quand on a des moyens financiers ; ou le vote pour des partis et candidats étiquetés populistes par les médias

1. Voir L'Atelier paysan, *Reprendre la terre aux machines. Manifeste pour une autonomie paysanne et alimentaire*, Paris, Le Seuil, 2021.

dominants ; ou une fuite en avant dans des théories complotistes plus générales, qu'on met beaucoup d'énergie à s'approprier et à diffuser autour de soi, par Internet comme il se doit.

Précisément, le jeune homme qui me soutenait un point de vue complotiste sur la chimie, pendant les semaines brûlantes de décembre 2018, affichait dans le même temps un refus décidé et argumenté de participer à une quelconque assemblée de lutte pour discuter de vive voix des orientations à prendre, alors que la répression et le « nettoyage » des ronds-points s'annonçaient. Il disait n'y voir qu'une perte de temps et se sentir plus utile, en phase avec le mouvement national, en passant du temps sur Facebook, sur les « *lives* », etc. Pour ne pas en rester à un seul cas, disons que j'ai perçu cette même corrélation au fil des dizaines de discussions que j'ai eues avec des inconnu(e)s pendant les manifestations de l'été 2021 contre le passe sanitaire et la vaccination obligatoire : les personnes qui tenaient des propos complotistes – empreints de la conviction que l'épisode pandémique et l'ensemble de ses conséquences étaient organisés de manière parfaitement maîtrisée – étaient aussi les plus réticentes à abandonner les réseaux sociaux et leur smartphone. « Comment on s'informera, si on lâche tout ça ? », me répondaient-elles comme une évidence, quand je leur parlais du lien consubstantiel entre passe sanitaire basé sur un QR code et mode de vie connecté. Je percevais chez elles à la fois du plaisir à chercher et trouver de nouveaux faits troublants ou choquants sur Internet, et une immense difficulté à imaginer s'organiser et lutter dans la vraie vie, par-delà la diffusion de nouvelles et de commentaires sur les réseaux. (Notons, pour relativiser ma corrélation, que ces personnes participaient tout de même à des manifestations de rue… et que certaines se sont découragées moins vite que moi d'y retourner tous les samedis !)

Prenons un second exemple : celui du récit baptisé QAnon. Il se dit que plusieurs millions d'Américains croient qu'une cabale mondiale organise un effroyable trafic d'enfants dans des bases militaires souterraines, en premier lieu aux États-Unis. Une sorte de gouvernement transnational aurait pris le contrôle de l'« État profond » américain, avec pour dessein de capturer et violer, dans le plus grand secret, des milliers d'enfants à qui on prélève du sang pour en tirer un liquide appelé « adrénochrome ». Toujours selon QAnon, le mandat de Donald Trump à la Maison-Blanche, entre 2017 et 2021 (en attendant son éventuelle réélection en 2024), aurait été consacré à lutter contre cette conspiration mondiale, à libérer des enfants du joug de cette secte pédosataniste, notamment lors d'une opération militaire de grande ampleur, restée secrète, en plein cœur de New York. De nombreuses personnalités liées au Parti démocrate américain et au milieu du showbiz de gauche sont accusées de participer à ladite conspiration : Hillary Clinton, Barack et Michelle Obama, Nancy Pelosi, Tom Hanks, Céline Dion, Oprah Winfrey et Beyoncé, mais aussi George Soros et Bill Gates…

Il faut lire l'enquête détaillée d'un des auteurs du collectif italien Wu Ming sur la formation et le développement, sur Internet et les réseaux sociaux, de ce récit invraisemblable[1]. Elle donne à comprendre comment le mépris du peuple porté en bandoulière par le Parti démocrate depuis des décennies a fini par produire un rejet dont des critiques aussi pertinents et virulents que Chistopher Lasch ou Thomas Frank n'auraient jamais pu imaginer la nature[2]. Au lieu d'aboutir à la formation d'un mouvement populaire contre la mondialisation néolibérale, la concentration des fortunes et des industries, l'appauvrissement des gens ordinaires concomitant du saccage écologique, ce rejet prend la forme d'un mouvement d'opinion accusant les démocrates de se livrer au trafic d'enfants, à une licence sexuelle défiant l'imagination. Le comble étant que ce mouvement prend pour héros un des businessmen les plus riches et immoraux du pays. La lutte des classes, aussi, peut être travestie en vampire :

> Même QAnon a des noyaux de vérité : le système est effectivement monstrueux, le Parti démocrate américain sert vraiment les intérêts

1. Wu Ming 1, *Q comme qomplot, op. cit.*

2. Voir, de Christopher Lasch, *La Révolte des élites et la trahison de la démocratie*, Paris, Flammarion, 2020 [1994] ; et de Thomas Frank, *Pourquoi les pauvres votent à droite*, Marseille, Agone, 2013 [2004].

> d'une élite répugnante. De ces prémisses et intuitions ont découlé non pas, en toute cohérence, une conscience anticapitaliste, mais la croyance en une société secrète de satanistes pédophiles vampires qui maintiennent en esclavage sous terre des millions d'enfants. [...] QAnon est une allégorie inconsciente et une parodie involontaire d'une critique du système. Les noyaux de vérité sont des prémisses générales, des intuitions tronquées, des mécontentements vagues, des colères peu ou pas du tout élaborées, du mal de vivre dans la société capitaliste. [...] Le résultat du conspirationnisme est de dévier le mécontentement et de canaliser les énergies qui pourraient être investies dans des vraies luttes et dans la transformation sociale vers les lieux où de telles énergies sont dissipées ou, pire, utilisées pour alimenter des projets réactionnaires[1].

Là encore, demandons-nous à qui et à quoi nuisent le plus ces croyances, ces emballements électroniques aux effets bien réels. Nul doute que certaines des figures attaquées par cette mouvance en pâtissent très concrètement, de l'acteur Tom Hanks, constamment calomnié en ligne, au patron (homosexuel) de la pizzeria de Washington, *Comet Ping Pong*, régulièrement menacé de mort et dont le restaurant a déjà été pris d'assaut physiquement, parce qu'il est considéré comme un lieu stratégique de la conspiration pédophile par les adeptes de QAnon. Nul doute que l'envahissement du Capitole par des partisans de Trump, le 6 janvier 2021, montre que les institutions ne doivent pas se sentir à l'abri de débordements menaçants. Mais le système de pouvoir politico-économique (américain et international) ne se trouve-t-il pas autant conforté que bousculé par cette bouffée collective délirante ?

Le phénomène QAnon ne peut que renforcer la polarisation politique et sociale déjà extrême aux États-Unis, entre une gauche aux perspectives essentiellement identitaires (de défense non rassembleuse des minorités) et une droite trumpo-libertarienne aux

1. « Passe sanitaire, conspirationnisme et luttes sociales : dans le miroir italien », entretien avec Wu Ming publié le 22 novembre 2021 sur *lundimatin* (lundi.am).

relents racistes d'antan. Chacune se définissant par la haine de l'autre, et toutes deux épargnant complètement les piliers de la domination sociale contemporaine : l'agriculture industrielle, le système de faux besoins et sa fuite en avant vers toujours plus de consommation d'énergie, l'automatisation et la perte de sens du travail, l'industrie du numérique et les géants de la Silicon Valley dont les affaires prospèrent quelle que soit la faction au pouvoir. Comme le souligne Wu Ming 1, il est hautement significatif (même si Bill Gates, fondateur de Microsoft, fait, lui, partie des cibles) que les patrons tout-puissants de Google, Facebook et Amazon soient absents du grand récit gore de QAnon. Les « noyaux de vérité » contenus dans ce récit, comme dans les nombreux positionnements extrémistes qui jalonnent le champ idéologique aujourd'hui, sont de peu de poids en comparaison des mensonges, falsifications historiques et autres fixations obsessionnelles du ressentiment qui les enveloppent. Tout cela finissant par dresser une gigantesque barricade devant les mouvements d'émancipation qui auraient la fantaisie de prendre forme, dans cette drôle d'époque.

L'effacement de l'Histoire et la perte de repères politiques

De quoi ces croyances, ces interprétations, ces positionnements baroques sont-ils le produit ? Quel monde a accouché de ce bazar ? Je n'y reviens que brièvement, mais c'est d'abord le monde d'Internet, des réseaux sociaux, de leurs « recommandations » et autres « boucles » infernales.

> Le 2 juin 2019, une employée de Facebook crée le profil de Carol Smith, une citoyenne américaine conservatrice fictive, résidant en Caroline du Nord. Ses centres d'intérêt : les enfants, la parentalité, le christianisme et la politique. Mais alors qu'elle commence à suivre les pages et les groupes qui lui sont suggérés par les algorithmes de

> Facebook, « il a fallu moins d'une semaine pour avoir une recommandation de page QAnon », s'alarme la salariée[1].

Mais puisque, pas plus qu'un autre facteur socio-historique, Internet n'a d'effet complètement mécanique sur la réalité humaine, rentrons dans la boîte noire : quelles tendances psychopolitiques sont accompagnées et amplifiées par l'addiction à Internet ? L'atomisation et la solitude sont des tendances lourdes de nos sociétés de masse, qui vont avec le recul de l'inscription des individus dans l'histoire collective. Or, la perte du sens historique me semble une composante essentielle de l'adhésion aux théories et informations complotistes, ou simplement fantaisistes.

Le phénomène complotiste apparaît comme le résultat de décennies de dépolitisation. Et au risque d'apparaître complotiste, j'estime évident que cette dépolitisation radicale de la population en Occident est pour partie le résultat d'une stratégie volontariste des couches dirigeantes. Dans des pages visionnaires, Cornelius Castoriadis avait diagnostiqué dès 1960 la privatisation des sociétés occidentales – le désintérêt pour les affaires publiques, après deux siècles d'agitation intense[2]. Mais c'est une fois passée l'explosion de Mai 68 – avec ses prodromes et ses prolongements dans le monde entier – que cette tendance s'est affirmée pleinement. Et si Castoriadis avait l'intelligence critique d'en rendre responsable l'ensemble de la population, c'est-à-dire nous tous, il est patent que d'importants efforts idéologiques ont été mis en œuvre pour accentuer la lassitude occidentale pour les conflits sociaux et les révolutions. Tout un conditionnement médiatique (sur les ondes), managérial (sur les lieux de travail), consumériste (partout où la publicité et les produits à la mode s'imposent à nos yeux et nos oreilles), a été déployé pour discréditer, délibérément ou subtilement, les passions politiques, le

1. Alexandre Piquard, Florian Reynaud, « Les "recommandations", un risque mal régulé », *op. cit.*

2. Cornelius Castoriadis, « Le mouvement révolutionnaire sous le capitalisme moderne » [1959], dans *Écrits politiques (1945-1997) II, La Question du mouvement ouvrier*, tome II, Paris, Éditions du Sandre, 2012.

désir de discuter et lutter sans médiation, le passé et ses espoirs de liberté collective, d'égalité réelle.

À l'école aussi, dans un pays comme la France, tout a été fait par les «réformateurs» successifs de l'Éducation nationale pour casser l'enseignement de l'histoire. Au cours de mon expérience d'enseignant, j'ai pu me rendre compte avec perplexité que bien des bacheliers en route pour les classes préparatoires, en 2010, avaient nettement moins de notions fondamentales sur l'histoire de leur pays et de la modernité que ma grand-mère normande, d'origine très modeste et qui n'avait pas été à l'école au-delà du CM2. C'est qu'au-delà de ce que l'école ancienne inculquait, d'une façon sans doute critiquable, cette femme née en 1931 avait commencé sa vie dans une période où l'Histoire était présente au quotidien dans la vie du peuple. Le Front populaire à 5 ans, l'occupation allemande à 10 ans, les grandes grèves de 1948 en entrant dans la vie active et adulte : pareilles turbulences n'étaient certes pas gage de gaieté tous les jours, mais cela donnait (à de nombreuses personnes, en tout cas) des éléments concrets pour sentir dans quel monde on vivait, ce qu'était l'oppression sociale, par quels moyens elle s'exerçait.

C'est à tous les étages et dans tous les interstices de la vie sociale qu'à partir des années 1970 les conditions pour une transmission de l'histoire politique vécue se sont évaporées, dans les familles, au travail, dans les quartiers, dans les partis, syndicats et associations. Internet n'a fait qu'aggraver la perte de sens commun qui résultait logiquement de tout cela. Pour reprendre l'excellent titre d'un des premiers livres de Jean-Claude Michéa, je dirais que *le complotisme, c'est Internet, plus l'enseignement de l'ignorance*[1]. En plongeant dans le récit construit par les multiples têtes chercheuses de QAnon, on est même amené, plus vulgairement, à imaginer des manifestations d'électeurs de Trump devant les studios de Hollywood et de CNN, devant les grandes agences de publicité et de relations publiques new-yorkaises qui ont produit tant de manipulations

1. Jean-Claude Michéa, *L'Enseignement de l'ignorance et ses conditions modernes*, Paris, Flammarion, 2006 [1999].

depuis cent ans, ou encore devant les locaux tendance de Google et Facebook près de San Francisco, avec des banderoles sur lesquelles on lirait : « *Vous avez voulu nous rendre cons, nous sommes devenus bien pires !* »

Arrivé à ce point, ma position peut sembler assez éloignée de celle de Frédéric Lordon, qui présente le complotisme comme un symptôme de dépossession « d'une population qui ne désarme pas de comprendre ce qui lui arrive, mais s'en voit systématiquement refuser les moyens[1] ». Et plus encore de celle du *Manifeste conspirationniste* de 2022 qui, fidèle à une tradition (mal) cachée depuis deux décennies, fait le pari que de la confusion extrême sortira une révolte réjouissante. En fait, je me sens proche de ces textes, au moins de leur intention centrale qui consiste à légitimer la méfiance viscérale d'une partie importante de la population envers l'oligarchie dirigeante, et à dénoncer l'anticomplotisme comme une défense d'un monde indéfendable. Je suis en plein accord avec Lordon quand il clame :

> Hors de conditions exceptionnelles [comme celles de la campagne du référendum sur le traité constitutionnel européen en 2005], tous les moyens ou presque de faire sens des forces historiques qui l'assaillent et surtout d'avoir part aux délibérations qui décident de son destin sont refusés [au peuple]. Or, remarque Spinoza […] : « Nul ne peut céder sa faculté de juger » (*Traité politique*), aussi s'exerce-t-elle comme elle peut, dans les conditions qui lui sont faites, et avec l'acharnement du désespoir quand, au surplus, elle n'a que son malheur à penser. Le conspirationnisme n'est pas la psychopathologie de quelques égarés, il est le symptôme nécessaire de la dépossession politique et de la confiscation du débat public. Aussi est-il de la dernière ineptie de reprocher au peuple ses errements de pensée, quand on a si méthodiquement organisé sa privation de tout instrument de pensée et sa relégation hors de toute activité de pensée[2].

1. Voir Frédéric Lordon, « Le symptôme d'une dépossession », *Le Monde diplomatique*, juin 2015.
2. *Ibid.*

Voilà qui fait trépigner d'indignation et de rage Rudy Reichstadt et son protégé, Philippe Corcuff[1], mais qui n'en est pas moins vrai. Il me semble plus difficile, cependant, de suivre Lordon quand il affirme que « le conspirationnisme, dont les élites font le signe d'une irrémédiable minorité, pourrait être le signe paradoxal que le peuple, en fait, accède à la majorité puisqu'il en a soupé d'écouter avec déférence les autorités et qu'il entreprend de se figurer le monde sans elles ». Il met certes des conditions à cette affirmation, et prend pour exemple le débat, qui faisait fureur dans certaines « régions » (sic) de l'Internet dans les années 2010, sur la monnaie, les banques et « la loi de 1973 » adoptée sous la présidence de Georges Pompidou. Je veux bien croire que, nonobstant quelques dérapages antisémites sur le thème de l'argent, on soit là bien loin de QAnon. Mais je pense que Lordon sous-estime l'effet de dé-réalisation et de confusion induit *en tant que tel* par l'usage permanent d'Internet et l'habitude de mener, à coups de vidéos « sensas' » et de retweets fracassants, des discussions sur des questions aussi capitales et complexes.

Prenons la mouvance, dont je me sens partie prenante, des « covidosceptiques » en France, à savoir la partie de la population qui estime que la gravité de l'épidémie de Covid-19 a été exagérée par un certain nombre d'acteurs médiatiques, scientifiques, industriels et politiques. On retrouve bien dans cette mouvance certains des traits positifs mis en avant par Lordon à propos des débats sur la monnaie et les banques : des dizaines de milliers « de non-experts se saisissant de questions techniques[2] », et même scientifiques, sur lesquelles les experts ne souhaitent pas que les citoyens ordinaires réfléchissent par eux-mêmes, dans leurs propres termes ; « le surgissement désordonné, mais salutaire d'interrogations sur

1. Philippe Corcuff est un sociologue d'extrême gauche, ayant longtemps écrit par exemple dans la revue d'inspiration bourdieusienne *Contretemps*, et venu à la fin des années 2010 renforcer les rangs de l'agence d'extrême centre *Conspiracy Watch* (Observatoire du conspirationnisme).

2. Les passages entre guillemets, jusqu'à la fin de ce paragraphe, sont tirés de l'article de Lordon de 2015 mentionné plus haut.

la légitimité» (et le mode opératoire) des confinements ; sur la suspension des marchés en plein air, sur l'obligation du masque à l'extérieur et l'opportunité de le porter pendant des journées entières, en premier lieu pour des enfants ; sur le comptage des morts de l'épidémie et la différence réelle de mortalité avec les années précédentes ; sur la mise à l'écart des médecins de ville et la volonté politicoscientifique de discréditer les traitements tentés et éprouvés par certains d'entre eux ; sur les vaccins, bien sûr, la vitesse inédite à laquelle ils ont été mis au point, la précipitation des phases d'essai, les clauses inquiétantes des contrats passés par la Commission européenne avec les producteurs, etc. Et donc, au total, comme dit Lordon : «une intense activité polémique (...), avec production kilométrique de textes, [de vidéos], de controverses documentées en tous sens».

L'impression d'être pris dans un dispositif infernal et mensonger, la rage de comprendre et la colère devant les dégâts humains d'une gestion techno-autoritaire de l'épidémie ont été les moteurs de cette activité polémique, qui fut en même temps une activité d'entraide morale pour des centaines de milliers de personnes. Mais elle a aussi connu son lot d'égarements, que la structure du champ idéologique en place sur Internet favorise immanquablement. Face à des stratégies politiques et industrielles extrêmes et extrêmement inquiétantes, comment placer de manière juste le curseur de la paranoïa vis-à-vis de l'élite dominante (gouvernements et médias d'extrême centre, Commission européenne, Gafam et OMS) ? Face à des forces de droite et d'extrême droite qui quadrillent habilement l'Internet et ont un boulevard pour faire avancer leur narratif douteux du combat des nations contre le mondialisme, comment résister à des alliances ou des amalgames nuisibles si l'on n'a pas, collectivement, de boussole idéologique et historique ? Comment, après trois confinements qui ont habitué chacun à rester chez soi et à naviguer sans fin sur Internet, ne pas se perdre dans cette navigation et trouver des points d'appui pour construire des résistances et des solidarités en vrai, au-dehors, avec les autres en chair et en os ?

Cela est rien moins qu'évident. L'illustration la plus frappante de cette difficulté est la focalisation d'un grand nombre de personnes de cette mouvance sur les dits et écrits de Klaus Schwab, le fondateur et directeur du Forum économique mondial de Davos. Dans le contexte de l'épidémie, le titre de son ouvrage, *Covid-19, la grande réinitialisation* (*The Great Reset*, en anglais)[1] a frappé certains esprits de manière extraordinaire, alors que son contenu est, lui, assez peu marquant, en tout cas pour qui suivait les offensives idéologiques du grand capital avant 2020. Comme le dit l'écologiste anglais Paul Kingsnorth, dans « Basculement » :

> *Covid-19, la grande réinitialisation*, est un livre décevant si l'on s'attend à y trouver des moyens de contrôler l'esprit, des vaccins qui contiennent des puces et des reptiliens à la manœuvre. [...] C'est un manifeste mondialiste de base, qui aurait pu être rédigé par n'importe quel fonctionnaire du Forum économique mondial, de l'Organisation mondiale du commerce, du G8, des Nations Unies, de la Banque mondiale ou du FMI, ou par n'importe quel journaliste de *The Economist* ou de *Forbes*, n'importe quand depuis 1990. [...] Ce sont toujours les mêmes livres et les mêmes articles qui, sous couvert de clichés sur la justice sociale dans le langage uniforme des ONG, chantent les louanges du capitalisme mondial. Diversité, dynamisme, égalité, inclusivité, réduction de la pauvreté, maternité et tarte aux pommes : depuis que leurs centres de conférences se sont fait assiéger par des hordes de militants altermondialistes à la fin des années 1990, les capitaines du navire capitaliste ont pris soin de dissimuler leurs pillages sous des intentions charitables, motivées par un désir tout *lennonien* d'harmonie universelle[2].

Il semble toutefois que, pour des personnes en cours de réveil politique et qui n'avaient peut-être jamais entendu parler des mobilisations « antimondialisation » du début des années 2000, entre autres

1. Klaus Schwab & Thierry Malleret, *Covid-19, la grande réinitialisation*, Genève, Forum Publishing, 2020.

2. Paul Kingsnorth, « Basculement », *op. cit.*

contre la tenue annuelle du Forum de Davos, ce texte ait synthétisé de manière lumineuse le projet de domination totale du monde par la logique de profit et l'industrie numérique, et la négation qu'il contient des aspirations à la souveraineté populaire. Le problème est que cette « illumination » plus ou moins soudaine est allée de pair avec une surestimation du rôle effectif du dénommé Schwab, en qui d'aucuns se sont mis à voir le grand coordinateur des évènements en cours. Alors qu'il n'est qu'un idéologue parmi tant d'autres de la grande industrie et de ses desseins transhumanistes. Il est certain que ce monsieur participe à un dispositif diffus de conditionnement des opinions et comportements, pour faciliter les projets de marchandisation et de prise du contrôle du quotidien des gens ordinaires par Google, Facebook, etc., mais il a probablement moins de pouvoir que les dirigeants de ces entreprises. Il m'est pourtant arrivé de discuter avec des personnes qui voient Schwab comme le grand manitou de l'épisode pandémique, tout en manifestant de la sympathie pour Elon Musk, un des hommes à coup sûr les plus puissants du monde et artisan quotidien du projet transhumaniste : ce dernier avait le mérite à leurs yeux d'avoir critiqué les confinements et les vaccins à ARN messager.

En plus de cette tendance typique du complotisme à concentrer le feu de la colère sur un (ou quelques) acteur(s), un autre problème est que l'illumination Schwab a aussi favorisé une relative porosité entre la perspective covidosceptique et les thèses « antimondialistes », version 2020. Je désigne par là les idées des droites « patriotes » dans divers pays (et sur divers continents), centrées sur la dénonciation d'un projet de destruction des États-nations par la technocratie internationale. L'idéologie de cette dernière est alors qualifiée de « mondialiste », moins pour pointer son adhésion à la division internationale du travail industriel (que nos « trumpistes » d'Amérique et d'Europe critiquent de manière vague) que pour souligner la volonté de déposséder les peuples de leur souveraineté. Celle-ci étant définie de manière tautologique par… leur capacité à rester des nations[1].

1. Voir, parmi bien d'autres, le blog d'Éric Verhaeghe <lecourrierdesstrateges.fr>.

On a vu, en France, des termes de cette grille d'analyse très floue se diffuser parmi celles et ceux qui refusaient le passe sanitaire, et globalement la gestion catastrophiste de l'épidémie. Cela n'équivaut certes pas à un « danger fasciste », comme l'ont hurlé un certain nombre de gauchistes qui se posaient en gardiens de la solidarité par la vaccination. Mais cela indique assez que pas grand-chose n'est clair, politiquement, dans cette période.

Par exemple, le narratif « patriote » était sous-jacent dans le fameux documentaire *Hold-up*, dont le succès en ligne, malgré des tentatives de censure au départ, révéla à l'automne 2020 qu'une part non négligeable de la population avait des doutes sur la version officielle de la pandémie. Ce documentaire assumait un parti pris conspirationniste, mettait en avant un certain nombre de choses vraies tout en faisant preuve d'imagination mensongère sur des points décisifs, comme l'existence d'un brevet prouvant catégoriquement la planification de l'épidémie plusieurs années à l'avance. Le problème qu'il posait était moins son orientation politique, pas nette, qu'un manque de nuances qui ne pouvait que le discréditer malgré ses apports intéressants (comme l'ouverture sur le transhumanisme à la fin, avec le discours darwinien tenu par Laurent Alexandre à l'ENA). Le plus gênant était sa forme manipulatrice : rythme haletant, musique ridicule, enchevêtrement des témoignages ne permettant pas de se faire une idée sur ce que dégageait chaque personnage interviewé, immédiatement chassé par un autre.

Alors qu'il prétendait s'opposer à la doxa diffusée au quotidien par les grandes chaînes d'information en continu, *Hold-up* recourait aux mêmes procédés de bombardement de nouvelles et de surcharge cognitive. Sur BFM TV et CNews aussi, des choses vraies sont dites tous les jours, mais au-delà de la ligne éditoriale, la forme même des émissions est fréquemment manipulatrice et mensongère. Or, le type de « contre-information » qui circule sur Internet est en général fabriqué dans le même moule, avec des formats (de plus en plus de vidéos) et des raccourcis qui nous maintiennent dans le brouillard des propagandes, parfois opposées mais très complémentaires[1]. Tout cela faisant écran aux questions fondamentales que nous avons rarement le temps de nous poser : au nom de quoi, au fond, devons-nous critiquer ceux qui nous dirigent ? Quel monde et quelle vie voulons-nous ? Et que sommes-nous prêts à faire pour qu'ils adviennent ?

Résumons ce premier ensemble de réflexions. Les élites dirigeantes occidentales sont dans une certaine mesure bousculées par l'extraordinaire brouillage idéologique qu'a engendré la cascade d'évènements des dernières années, sur fond de numérisation des modes de vie, mais jusqu'ici, leur pouvoir ne s'en trouve pas ébranlé. Le fonctionnement normal d'Internet est à la fois un ingrédient du chaos qui peut leur faire perdre la main, à un moment ou un autre, *et* un élément de renforcement de leur pouvoir exorbitant sur les populations d'une grande partie du monde.

C'est dans cette ambivalence que se niche la question du complotisme, devenue en dix ans une obsession des couches dirigeantes, qu'elle soit feinte ou sincère : le complotisme peut jusqu'à un certain point desserrer l'emprise idéologique qu'elles ont sur les populations, faire surgir des points de vue hétérodoxes, potentiellement dangereux pour les gouvernants ou les industriels ; en même temps, sa prolifération constitue un garde-fou contre l'émergence de mouvements d'émancipation consistants, qui mettraient en cause l'ordre industriel et numérique.

1. Voir Pierre Bourlier, « L'illusion au pouvoir », *op. cit.*, notamment p. 18-19.

CHAPITRE II

Les bases objectives du complotisme (1) : les mensonges sur les nuisances de l'industrie

Il faut s'attendre dans les jours qui viennent à un complot international des experts officiels pour minimiser au maximum l'évaluation des victimes que causera [la] catastrophe [de Tchernobyl]. La poursuite des programmes [nucléaires] civils et militaires impose à l'ensemble des États une complicité tacite qui dépasse les conflits idéologiques ou économiques. Les organismes internationaux de la santé, en principe indépendants des États, mais strictement contrôlés par les grandes puissances, pourront servir d'organes de liaison entre celles-ci tout en maintenant une apparence d'objectivité et de neutralité.

Bella Belbéoch (physicienne nucléaire française),
« Le complot international », 1er mai 1986

Le point de vue que j'ai défendu ci-dessus est sans aucun doute ambivalent. D'un côté, j'admets que la tournure d'esprit complotiste accompagne des prises de conscience et un réveil politique chez certains citoyens ; il arrive même qu'elle les rapproche, fût-ce confusément, de la racine des problèmes. D'un autre côté, j'estime qu'elle est le plus souvent incompatible avec la construction de luttes et d'alternatives capables de fragiliser l'ordre existant – quand elle ne mène pas carrément à des monstruosités.

Dans la suite de cet essai, je vais m'autoriser à cultiver cette ambivalence. Ainsi, dans les deux chapitres à venir, je vais m'attarder sur différents éléments du passé et du présent qui peuvent, dans le contexte contemporain, nourrir la tournure d'esprit complotiste. Je pense que pour pouvoir conjurer et écarter celle-ci de manière pleinement légitime, il faut au préalable regarder en face le fait que les acteurs politiques et industriels qui dirigent nos sociétés mentent remarquablement sur ce qu'ils font et sur ce qu'ils cherchent à faire. Le présent chapitre va s'attarder, pour commencer, sur les mensonges récurrents des grandes industries, depuis le début du XXe siècle, à propos des nuisances écologiques et sanitaires qu'elles génèrent : mensonges construits et tenus dans la durée avec le concours de décideurs politiques ou administratifs, et de scientifiques parfois tout à fait compétents.

La gestation de Little Boy et Fat Man : le plus grand camouflage de l'Histoire ?

La tournure d'esprit complotiste consiste principalement à attribuer certains évènements, sinon tous, à des organisations occultes, des acteurs de l'ombre capables d'agir de manière à la fois coordonnée et secrète. Dans cette perspective, les choses ne sont pas ce qu'elles semblent être parce que certains ont les moyens d'organiser une apparence mensongère, de dissimuler la vérité au plus grand nombre.

On sait combien une telle paranoïa peut mener à des délires haineux, aux fantasmagories de la conspiration illuminati, du complot juif mondial ou du pouvoir multimillénaire des reptiliens. Mais le problème est que cette paranoïa n'est pas en tant que telle infondée. Les États modernes se sont en effet dotés de moyens d'agir dans l'ombre, par des services de renseignement et d'espionnage, des polices secrètes et des forces spéciales. C'est ainsi que *Les Protocoles des sages de Sion*, source essentielle de l'antisémitisme moderne, est l'œuvre de la police secrète russe, l'Okhrana, à la fin de l'époque des tsars. Ce texte est un faux, une manœuvre de diversion destinée à alimenter l'antisémitisme dans le peuple russe (qui, certes, existait avant), à détourner la colère des masses vers une minorité religieuse pour préserver un régime fragilisé par les vagues successives de révoltes paysanne et ouvrière, socialiste et anarchiste[1].

Autre facteur venant légitimer la paranoïa des citoyens : les dirigeants politiques, comme les grandes entreprises, recourent depuis un siècle à des agences de communication et de relations publiques capables de mener d'authentiques campagnes de formatage des esprits, de désinformation, de propagande. L'inventeur des relations publiques, Edward Bernays, en donne, dans son fameux traité *Propaganda*, des exemples qui ne peuvent que nous laisser songeurs, nous qui vivons cent ans plus tard, dans un monde où les possibilités de suggestion et de manipulation par des images soignées, retouchées, inventées, sont décuplées[2]. Indéniablement, les grandes organisations de notre époque sont passées maîtres dans l'art de fabriquer les apparences et de modeler notre perception de la réalité politique et historique.

George Orwell et Hannah Arendt sont deux des grands écrivains politiques qui ont placé cette capacité de fabrication et de modelage de la réalité au centre de leur réflexion. L'une comme l'autre furent profondément marqués par la déconcertante capacité de mensonge de Hitler et de Staline : par exemple, l'habitude du Führer de toujours clamer haut et fort ses intentions pacifiques vis-à-vis des pays voisins, pour mieux ensuite les fouler aux pieds en

1. Voir la préface de Michel Bounan à la réédition de Maurice Joly, *Dialogue aux enfers entre Machiavel et Montesquieu*, Paris, Allia, 2014. *Les Protocoles des sages de Sion* est un détournement de ce pamphlet, rédigé en 1864 contre le despotisme de Napoléon III, qui présentait ironiquement les manières de régner en tyran tout en préservant des apparences libérales.

2. Edward Bernays, *Propaganda. Comment manipuler l'opinion publique en démocratie*, Paris, La Découverte, 2007 [1928]. Ce texte s'ouvre sur l'affirmation que « la manipulation consciente, intelligente, des opinions et des habitudes organisées des masses joue un rôle important dans une société démocratique. Ceux qui manipulent ce mécanisme social imperceptible forment un gouvernement invisible qui dirige véritablement [les États-Unis] ».

prenant prétexte d'incidents souvent montés de toutes pièces[1] ; de même, la persécution et l'exécution par le Petit Père des peuples de dizaines de milliers de personnes au nom de leur appartenance *inventée* à une opposition trotskiste *délibérément surestimée*, par exemple lors des procès de Moscou[2]. Mais si cette faculté de modifier radicalement la texture des faits et de pulvériser la notion même de vérité dans des élans de démence collective leur semblait caractéristique des totalitarismes stalinien et nazi, Orwell et Arendt ne considéraient pas que les autres sociétés industrielles, à régime parlementaire plus ou moins libéral, étaient à l'abri de ces distorsions du réel. Rappelons que *1984* n'est pas un roman sur l'Union soviétique, il figure plutôt un régime dans lequel se seraient mêlés des éléments du capitalisme occidental avec des traits du despotisme bureaucratique russe. Autant dire quelque chose qui a sérieusement à voir avec ce qui nous arrive[3].

Ainsi, pour ce qui est des États-Unis, il est établi que le FBI a infiltré, dans les années 1960, des organisations contestataires pour perturber et discréditer leur activité, sans s'interdire d'assassiner leurs membres. Ce programme secret, baptisé Cointelpro, visait des groupes tentés par la lutte armée, comme les Weather Underground ou les Black Panthers, mais aussi des activistes luttant pour les droits civiques[4]. En Italie, il est établi que la police et l'État ont attribué de manière mensongère aux groupes d'extrême gauche des attentats commis par l'extrême droite, dans les années 1970. À l'issue de ces « années de plomb », il s'est avéré qu'existait dans les hautes sphères de la société italienne une loge maçonnique regroupant d'importants journalistes, des politiciens de premier rang, des industriels et des officiers militaires : elle s'appelait « loge P2 », le P

1. Voir le film de Frédéric Rossif, *De Nuremberg à Nuremberg*, 1989.

2. Voir le chapitre « La contre-révolution » de l'édition revue de Boris Souvarine, *Staline. Aperçu historique du bolchévisme*, Paris, Ivréa, 1992 [1935].

3. Voir la postface de Thierry Discepolo et Celia Izoard à l'édition de *1984* publiée par les éditions Agone en 2021.

4. Voir par exemple Dan Berger, *Weather Underground. Histoire explosive du plus célèbre groupe radical américain*, Montreuil, L'Échappée, 2010, p. 107.

signifiant propagande[1]… Plus près de nous, dans les années 2000, on sait que l'administration Bush n'a pas hésité à produire, jusque devant le Conseil de sécurité de l'ONU, de fausses preuves de l'existence d'« armes de destruction massive » en Irak, pour justifier une invasion de ce pays par l'armée des États-Unis.

Mais l'épisode qui illustre peut-être de la manière la plus stupéfiante la capacité de manipulation et de dissimulation des grands États est bien moins sulfureux que ceux-ci. En tout cas, il ne fait pas partie de ces évènements qui fascinent la complosphère, au premier rang desquels l'assassinat de John F. Kennedy et les attentats du 11-Septembre 2001. Il ne fait pas galoper l'imagination des chasseurs de conspiration, peut-être parce que son déroulement ne comporte guère de zone d'ombre vu d'aujourd'hui, sans doute aussi parce que les conclusions à en tirer remettent trop de choses en cause de notre civilisation et de notre mode de vie. C'est tout simplement le projet Manhattan de mise au point de la bombe atomique, pendant la Seconde Guerre mondiale, sur le sol américain. Cette gigantesque entreprise fut gardée secrète par un tout petit cercle de personnes ayant organisé la mise à contribution de centaines de milliers d'individus, qui n'étaient pour la plupart pas au courant de ce à quoi ils participaient[2].

Des recherches pour mettre au point des armes nucléaires avaient commencé sur différents campus américains et en Grande-Bretagne dès 1939, mais elles connurent une brusque accélération en 1942, quand l'information circula que des chimistes allemands avaient réussi à isoler l'atome d'uranium. Une course de vitesse semblait donc engagée entre les Alliés et l'Allemagne nazie pour se doter en premier d'armes nucléaires. Le président Roosevelt, encouragé par

1. Une journaliste italienne, Stefania Limiti, a récemment rassemblé l'essentiel des éléments connus sur ces agissements de l'ombre au sein de l'État italien, dans l'ouvrage *Potere occulto. Dal fascismo alle stragi di mafia, la lunga storia criminale italiana*, Milan, Chiarelettere, 2022 (*Pouvoir occulte. Du fascisme aux massacres de la mafia, la longue histoire criminelle de l'Italie*).

2. Les paragraphes qui suivent au sujet de la bombe atomique s'appuient sur l'ouvrage de Jean-Marc Royer, *Le Monde comme projet Manhattan*, *op. cit.*

de grands scientifiques, lança alors un projet classé secret-défense, baptisé Manhattan. Il installa à sa direction un militaire du génie qui avait auparavant supervisé la construction du Pentagone, c'est-à-dire le plus grand ensemble de bureaux du monde et quartier général de l'armée américaine : le général Leslie Groves.

Un chercheur américain, Alex Wellerstein, estime qu'en juin 1944 le projet Manhattan employait au moins 129 000 personnes, dont 84 500 affectées à la construction de bâtiments et 40 500 aux travaux de recherche et de production ; et qu'entre la fin de 1942 et l'été 1945, un demi-million de personnes furent employées sur l'ensemble des sites consacrés à la fabrication des bombes atomiques[1]. Ces sites étaient au nombre de trente-deux, répartis sur tout le territoire des États-Unis, mais aussi au Canada et dans le Pacifique. Pour ne citer que les principaux : Hanford, dans l'État de Washington (« site W »), avec ses installations de production du plutonium ; Oak Ridge, État du Tennessee (« site X »), surtout dédié à la production d'uranium enrichi ; Los Alamos, État du Nouveau-Mexique, laboratoire de recherche sur la bombe (« site Y ») ; le laboratoire métallurgique, « Met Lab », au sein de l'université de Chicago ; le « Radiation Laboratory » de l'université de Berkeley, Californie ; Alamogordo, État du Nouveau-Mexique, qui fut l'endroit choisi pour essayer (i.e. faire exploser) la toute première bombe atomique, trois semaines avant les bombardements de Hiroshima et Nagasaki ; Wendover (Utah) et la base de Tinian dans le Pacifique, où furent réalisés les préparatifs opérationnels des bombardements nucléaires sur le Japon.

Plusieurs des plus grands groupes industriels états-uniens furent impliqués dans cette opération foudroyante de recherche & développement, ce qui laisse penser que leurs plus hauts dirigeants étaient au courant de l'objectif général : notamment Bell Telephone Laboratories, DuPont de Nemours, General Electric, Kellogg Company, Monsanto Chemical Company, Standard Oil

1. Alex Wellerstein, « How many people worked on the Manhattan Project ? », publié le 1er novembre 2013 sur le site <blog.nuclearsecrecy.com>.

Development Company, Tennessee Eastman Company (Kodak), Union Carbide and Carbon Corporation, Westinghouse Electric and Manufacturing Company… Un homme d'affaires de premier plan, Edgar Sengier, directeur de l'Union minière du Haut Katanga (une des plus grandes entreprises d'exploitation coloniale d'Afrique) vendit plus de 2 000 tonnes d'uranium à l'État américain pour contribuer à l'effort de recherche en cours. Par contre, le vice-président du pays, Harry Truman, n'était pas au courant du projet Manhattan. C'est le général Groves qui l'informa de son existence, une fois Truman devenu président à la place de Roosevelt, décédé le 12 avril 1945 !

Truman avait pourtant dirigé de 1941 à 1944 la plus importante commission du Sénat, destinée à surveiller le déroulement de l'effort de guerre américain, la *World War II Senate Special Committee to Investigate the National Defense Program*. Or, même les membres de cette commission chargée d'examiner les dépenses, la passation des marchés publics, l'implication des groupes privés, etc., ne savaient rien du grand projet atomique. Ils ne furent pas plus informés de l'essai (baptisé Trinity) de la première bombe réalisé le 16 juillet 1945 à Alamogordo, et découvrirent tout, comme n'importe quel simple citoyen, quand les journaux annoncèrent la destruction de Hiroshima. Pourtant, d'après les calculs de Jean-Marc Royer, l'État ne pouvait avoir dépensé, pour la mise au point des premières bombes A, moins de 3,5 milliards de dollars de l'époque, ce qui représente 56 milliards de dollars au cours de 2012. C'est une somme supérieure à la totalité de ce qu'ont coûté les autres bombes, mines et grenades produites aux États-Unis pendant le conflit – avec un budget annuel comparable à celui de la Nasa pendant la décennie 1960 lors de la « conquête de l'espace ». Comment a-t-il été possible de cacher cet éléphant budgétaire à des élus surveillant précisément les dépenses de guerre ?

Il faut en plus imaginer – pardon, réaliser – que certains des sites industriels du projet secret avaient les dimensions de véritables villes, qui poussèrent comme des champignons géants en quelques mois. Ainsi, le site X, d'Oak Ridge, était deux fois et demie plus grand que Paris, et compta jusqu'à 70 000 habitants :

> [Il] était géré par Monsanto, General Electric, Eastman Corporation (Kodak), tandis que DuPont y construisit le réacteur X-10 et ses installations annexes. Le site, qui s'étendait sur trois vallées des Appalaches, fut choisi parce que la rivière Clinch fournissait une grande réserve d'eau et constituait une barrière naturelle anti-intrusive, que Knoxville était une « réserve de main-d'œuvre » et que la Tennessee Valley Authority pouvait fournir les énormes quantités d'électricité nécessaires.
>
> La construction de l'établissement Y-12, consacré à la séparation électromagnétique des isotopes de l'uranium (plus de 3 kilomètres de longueur), a commencé en février 1943 et s'est poursuivie jusqu'en 1945. Neuf bâtiments principaux et plus de deux cents bâtiments de soutien ont été construits pour l'ensemble industriel Y-12 qui utilisait un arrangement de gigantesques électro-aimants. L'établissement fonctionnait sans interruption et a employé jusqu'à 22 000 personnes.
>
> [...] Jamais d'aussi grands sites secrets n'avaient été bâtis : de véritables villes nouvelles créées *ex nihilo*, avec pour modèle urbain un lotissement pavillonnaire rapidement érigé en matériaux préfabriqués, dont l'esprit est proche de ce qu'on appelle les *compounds*, ces villages clos et étroitement gardés, comme il en existe encore pour les coopérants étrangers dans un environnement sensible (par exemple à Djeddah en Arabie saoudite ou à Arlit, site minier d'Areva dans le nord du Niger). Oak Ridge possédait sept portes d'entrée gardées et ne pouvaient y circuler que les personnes portant en évidence un badge de sécurité, étiquetage [aujourd'hui] universellement répandu[1].

D'après certains témoignages, personne ne savait à quoi il travaillait sur ce site-là, y compris les membres de l'encadrement. Résultat prodigieux de la stratégie de cloisonnement et de hiérarchisation adoptée d'emblée par Groves et les autres membres du directoire de Manhattan ; point extrême de la parcellisation taylorienne du travail qui existe dans toute usine capitaliste, et rend possible la

1. Jean-Marc Royer, *Le Monde comme projet Manhattan*, *op. cit.*, p. 40-41.

collaboration quotidienne de millions d'hommes et de femmes à des finalités industrielles indéfendables. Mais à la banalité du mal usinier s'ajoutait, sur ces sites, une étroite surveillance de l'armée et des services de renseignement, y compris (voire surtout) sur les chercheurs, dont une partie savait, eux, à quoi ils travaillaient. Surveillance qui renforçait le conformisme et l'obéissance dont faisaient preuve même des scientifiques de très haut niveau, qui s'étaient souvent engagés dans le projet pour contribuer à défaire le nazisme, mais se trouvèrent de facto associés à une autre monstruosité totalitaire.

Jean-Marc Royer affirme ainsi que, dès 1944, il était clair pour les dirigeants du projet Manhattan et pour un certain nombre de chercheurs que l'Allemagne hitlérienne, en cours de déroute (fût-elle lente), n'était plus en mesure de fabriquer des armes atomiques. La finalité du projet devenait donc d'affirmer la puissance des États-Unis à l'encontre de l'Union soviétique. Pire : Royer retrace en détails la façon dont une partie de l'appareil d'État américain fit en sorte de prolonger la guerre dans le Pacifique, pour pouvoir utiliser la bombe qui n'était pas encore prête au printemps 1945, alors qu'il était manifeste que des dirigeants japonais admettaient la défaite de leur pays et souhaitaient l'ouverture de négociations de paix en vue de sa reddition. La nécessité de lancer la bombe sur une ville habitée du Japon, et non sur un site militaro-industriel ou dans un désert, fut soutenue mordicus par les dirigeants du projet Manhattan et leurs relais autour du nouveau président. Le Comité intérimaire, qui conseillait Truman sur l'usage de l'arme en cours de création, déclarait ainsi le 1er juin : « La bombe devrait être utilisée contre le Japon dès que possible et sans avertissement de la population[1]. » Quelques jours plus tard, Robert Oppenheimer, chercheur responsable du laboratoire de Los Alamos, écrivait à propos de la proposition de faire exploser la bombe dans un désert devant les

1. Citation tirée par Jean-Marc Royer (*op. cit.*, p. 73) de l'article de Henry Stimson, « The Decision to Use The Atomic Bomb », *Harper's Magazine*, février 1947.

Japonais, soutenue par certains de ses collègues : « La destruction qui s'abat sur le désert, c'est zéro[1]. »

Du mensonge radioactif et de ses préposés[2]

Comment nier, après cela, que les capacités de dissimulation par la machine étatique de ses actions et de ses mobiles sont extraordinaires et invraisemblables ? Cela ne veut certes pas dire qu'elles s'exercent constamment, sur tous les sujets et dans toutes les directions, mais cela veut dire que des opérations de manipulation apparemment très improbables sont en fait possibles, même sur des sujets décisifs. Le projet Manhattan illustre que les mécanismes de contrôle de la « démocratie parlementaire » peuvent parfaitement être contournés et neutralisés. Cela ne veut pas dire qu'ils n'existent pas et qu'ils ne servent jamais à rien : cela veut dire que les appareils d'État et les complexes militaro-industriels peuvent tout à fait s'en affranchir, quand cela est important pour eux.

Mais ce n'est pas tout. Le terrain de l'atome s'avère particulièrement propice à l'exploration des capacités de falsification et de transfiguration de la réalité dont pouvoirs publics et industries privées sont capables, pour préserver ou renforcer leur pouvoir, et nous allons maintenant voir que le projet Manhattan a aussi nécessité la dissimulation systématique des problèmes sanitaires causés par la radioactivité. Autant les dirigeants du projet surveillaient comme le lait sur le feu les liens que pouvaient avoir les scientifiques avec le Parti communiste ou d'autres mouvements (supposément)

1. Citation tirée par Jean-Marc Royer (*op. cit.*, p. 75) de Michael B. Stoff *et al.*, *Manhattan Project: A Documentary Introduction to the Atomic Age*, Philadelphie, Temple University Press, 1991, p. 50.

2. Titre d'une brochure de 1993, publiée par l'Association contre le nucléaire et son monde (ACNM), consacrée aux suites de l'accident de Tchernobyl, aux modes de gestion des populations que les oligarchies ont inventés pour y faire face et à quelques actions salutaires menées dès cette époque contre les projets d'enfouissement des déchets dans des régions telles que celle de Bure. Cette brochure fut rééditée en 2004, et se trouve en ligne sur divers sites Internet.

subversifs, autant ils se souciaient bien peu des conséquences de leurs travaux pour la santé et la vie de ces chercheurs. A fortiori, celles des personnels subalternes des laboratoires ou des usines n'avaient aucune importance à leurs yeux.

Des recherches sur les effets biologiques des radiations furent tout de même menées au « Met Lab » de Chicago, au fur et à mesure qu'était mis au point le processus de production du plutonium. Le directeur du laboratoire s'interrogeait sur les effets de l'exposition aux particules alpha, bêta, gamma et aux rayons X sur l'espérance de vie des chercheurs, et le responsable du département de la santé, Robert Stone (membre du Conseil national sur le cancer) écrivait dans un rapport confidentiel de 1943, se faisant l'écho des inquiétudes de certains physiciens du laboratoire : « Il faut se souvenir que toute l'étude clinique du personnel [du projet Manhattan] est une vaste expérimentation. Jamais auparavant un aussi grand nombre d'individus n'avait été exposé à autant d'irradiations[1]. »

Pour les responsables du projet, ce qui comptait n'était pas le suivi du personnel, mais la détermination de *normes d'irradiation*. Les recherches sur la santé n'étaient pas menées dans le but d'établir un tableau véridique et complet des dangers possibles de la radioactivité pour les êtres vivants, ce qui aurait impliqué d'une façon ou d'une autre de se donner du temps pour observer les effets des rayonnements. Le but était seulement pratique : identifier les niveaux de dose qui engendrent des effets visibles et la mort à court terme ; et identifier les niveaux « tolérables », c'est-à-dire les doses en-deçà desquelles les effets se diluent dans le temps, deviennent impossibles à identifier comme conséquences directes de la radioactivité.

> Aucun suivi systématique des contaminations dans le personnel de Los Alamos (soit, en 1945, 8 200 personnes) n'est organisé. [...] Les

1. Passage cité dans Eileen Welsome, *The Plutonium Files : America's Secret Medical Experiments in the Cold War,* New York, Dial Press, 1999, p. 45, traduit en français par Annie Thébaud-Mony dans son ouvrage *La Science asservie. Santé publique : les collusions mortifères entre industriels et chercheurs,* Paris, La Découverte, 2014, p. 75.

> chercheurs impliqués dans le projet Manhattan ont pour motivation première la sécurité des États-Unis. Ce qui compte n'est pas d'éviter leucémies, cancers des os ou effets génétiques engendrés par la radioactivité [...]. Ils considèrent ces atteintes comme des conséquences malheureuses, mais inéluctables, de la lutte contre le communisme, avec l'URSS en ligne de mire. Inquiets face au risque de poursuites judiciaires, Louis Hempelmann et Stafford Warren contrôlent strictement l'information sur la contamination et d'éventuels problèmes de santé. Il s'agit selon Oppenheimer « de protéger le projet contre des gens susceptibles de porter plainte pour atteintes à leur santé ». [...] Éviter le procès est donc une préoccupation constamment présente à l'esprit des responsables, dès les premières heures du projet Manhattan, en particulier dès l'origine de la production de plutonium, indispensable à la bombe[1].

En fait, c'est au printemps 1945 que les chercheurs de Los Alamos et Berkeley prennent conscience de la dangerosité spécifique du plutonium. Des expérimentations sur des animaux révèlent que cette substance est bien plus toxique que ce que l'on pensait jusque-là, car elle s'attaque à des parties du corps aussi essentielles que le foie ou les tissus osseux associés à la production de cellules sanguines. Pour étudier l'ampleur et les modalités de ces ravages chez les humains, la décision est prise, en pleine conscience, d'injecter du plutonium à des personnes utilisées comme cobayes sans les en informer. La première de ces personnes est un ouvrier (noir) du BTP, ayant travaillé à la construction du site d'Oak Ridge et qui, en avril 1945, y travaille à des tâches de maintenance. Victime d'un sérieux accident de la circulation à bord d'une voiture, Ebb Cade est transporté à l'hôpital militaire le plus proche pour une blessure à la jambe. À plusieurs milliers de kilomètres de là, les responsables de ce programme d'expérimentation donnent l'ordre de lui injecter 4,7 microgrammes de plutonium dans la jambe. Les médecins observent ensuite la vitesse à laquelle diminue le taux de plutonium

1. Annie Thébaud-Mony, *La Science asservie*, *op. cit.*, p. 79.

dans le sang, en analysant les urines et les selles, et ils constatent que la cataracte, dont le patient-cobaye souffrait déjà de manière anormale à 55 ans, s'aggrave très rapidement, au point qu'il devient quasiment aveugle en quelques jours. Il mourra huit ans plus tard d'une pathologie cardiaque.

Quelque temps plus tard, deux malades hospitalisés à Berkeley, l'un pour un cancer de la gorge, l'autre pour une suspicion de cancer de l'estomac, sont soumis au même type d'injection[1].

> Dans les deux années qui suivent [le largage des bombes sur Hiroshima et Nagasaki], quinze patients supplémentaires reçoivent des injections de plutonium, soit au total dix-huit patients répartis sur différents sites (Rochester, Berkeley et Chicago). Les dossiers de toutes ces victimes, numérotés mais anonymes, sont classés « secret-défense » et ne seront déclassifiés que cinquante ans plus tard. Dans les années 1990, Eileen Welsome parvient à retrouver les noms de ces cobayes humains du plutonium, à entrer en contact avec eux ou avec leur famille et à reconstituer leurs histoires. Toutes se sont déroulées de la même manière : les patients ignoraient tout du « traitement » qui leur était administré ; les médecins ayant procédé aux injections sont restés anonymes ; le suivi a concerné exclusivement le rythme d'élimination, urinaire ou fécale, du plutonium ; aucun recensement des effets pathologiques n'a été mis en place. La majorité des victimes a vécu plusieurs années, voire plusieurs décennies, en souffrant de problèmes de santé qui n'ont jamais, de leur vivant, été reliés au « traitement » au plutonium qui leur avait été administré[2].

En même temps qu'ils procédaient à ces scandaleuses expérimentations ciblées, les dirigeants du projet Manhattan étaient occupés à camoufler et minimiser les effets diffus de la radioactivité libérée par les bombes de l'été 1945. C'est que l'essai Trinity du 16 juillet avait été mené près d'une réserve indienne très peuplée, et sans aucune

1. Eileen Welsome, *The Plutonium Files*, *op. cit.*
2. Annie Thébaud-Mony, *La Science asservie*, *op.cit.*, p. 83-84.

mesure d'évacuation ou de protection des populations locales ; or, les mesures de radioactivité faites dans les heures suivant l'explosion mettaient en évidence des retombées sur un rayon bien plus large que ce qu'attendaient les spécialistes. Aucun suivi systématique des personnes exposées à cette bombe ne sera réalisé.

Quant aux bombardements des 6 et 9 août au Japon, leurs effets se prolongent manifestement bien au-delà du moment de l'explosion. La radioactivité mesurée par les Japonais dans les décombres, et parfois à plusieurs kilomètres de « l'épicentre », est très élevée ; des habitants, blessés ou pas, voient leur état de santé se dégrader brusquement d'un jour à l'autre, perdant l'appétit, leurs cheveux, leur sang ; des sauveteurs connaissent aussi des troubles importants de leur formule sanguine… Un journaliste britannique, parvenu à se glisser jusqu'à Hiroshima au tout début de septembre, y découvre un paysage de désolation extraterrestre, avec des fumées qui s'échappent encore du sol fissuré quatre semaines après l'explosion de la bombe – honteusement baptisée Little Boy[1]. L'article qu'il écrit pour le *Daily Express* restera l'unique témoignage direct d'un Occidental sur ce qui se passe alors au Japon :

> Trente jours après que la première bombe atomique a détruit la ville et secoué le monde, des personnes qui n'ont pas été blessées par le cataclysme meurent encore – mystérieusement et horriblement – d'un mal inconnu que je ne peux décrire autrement que comme une peste atomique. Hiroshima ne ressemble pas à une ville bombardée. On dirait qu'un monstrueux bulldozer l'a écrasée et annihilée[2].

Cet article met l'administration américaine en fureur et en difficulté. Après avoir voulu exercer un effet de terreur absolue par l'usage de la bombe, le général Groves cherche désormais à minimiser ses effets, pour préserver le futur de l'armement et de l'industrie nucléaires ! Il affirme, avec l'appui des médecins du projet, que les explosions

1. La bombe larguée sur Nagasaki reçut, elle, le doux nom de Fat Man. D'où le premier intertitre de ce chapitre II.

2. Wilfred Burchett, « The Atomic Plague », *Daily Express*, 5 septembre 1945.

nucléaires ne provoquent pas de dommage, excepté sur le moment ; que la plupart des morts au moment des explosions n'étaient pas dus aux radiations ; et que la radioactivité à Hiroshima et Nagasaki est résiduelle. C'est le début du grand mensonge nucléaire, de la dissimulation permanente des très graves dangers de la radioactivité.

Ce mensonge et cette dissimulation sont organisés de manière brutale et systématique. À partir de septembre 1945, l'armée américaine contrôle complètement l'accès aux villes bombardées. Elle y confisque toutes les mesures et données recueillies par des scientifiques japonais, tous les échantillons de matière prélevés par des équipes de recherche depuis le 6 août, et jusqu'aux membres de cadavres qui avaient été conservés. Elle saisit tous les articles, films, photographies, poèmes, fictions, témoignages, enquêtes et rapports documentant les bombardements atomiques et leurs suites, et les expédie à Washington. Quant aux mesures de radioactivité qu'elle fait réaliser elle-même, elles ne sont toujours pas versées au domaine public, près de quatre-vingts ans après ces évènements[1].

Le 19 septembre, les Américains font édicter par le gouvernement du Japon vaincu un « code civil des libertés » qui permet d'empêcher la diffusion de « nouvelles contraires à la vérité ou qui perturberaient la tranquillité publique ». La vérité en question était qu'il ne pouvait pas y avoir de maladies et de morts causées par la radioactivité, une fois passée l'explosion des bombes A. Tous les articles de journaux sont passés au peigne fin de la censure, et l'écrivain Kenzaburô Ôé souligne que, pendant les années d'occupation américaine, il n'existait tout simplement pas de caractère d'imprimerie correspondant aux termes « bombardement atomique » et « radioactivité », dans les locaux du grand journal de Hiroshima[2]. Aucune étude scientifique japonaise ne pouvait être publiée sur le sujet sans l'approbation des autorités d'occupation.

En 1947 est créée une Commission sur les victimes de la bombe atomique (ABCC) dont une des tâches est de réaliser le suivi sanitaire

1. Pour plus de détails sur ces points et les suivants, voir Jean-Marc Royer, *Le Monde comme projet Manhattan, op. cit.*, p. 111 à 146.
2. Voir Kenzaburô Ôé, *Notes de Hiroshima*, Paris, Gallimard, 1996, p. 97.

des survivants de Hiroshima et Nagasaki, et notamment d'évaluer les dommages génétiques. Jamais, en trente ans d'existence, cette commission ne prodiguera de soins à la population ; elle se contentera d'étudier leur état et d'en tirer des conclusions scientifiques, toujours relativement rassurantes sur les effets de la radioactivité. Des travaux biaisés de cette commission, il ressort par exemple que la radioactivité ne cause pas de dommages génétiques importants, ce que démentiront ensuite des études menées ailleurs dans le monde… ainsi que des documents déclassifiés émanant de cette commission. Ces travaux seront également le socle du consensus politicoscientifique sur l'existence d'un niveau minimum en dessous duquel les radiations ne présentent aucun danger biologique pour les êtres humains.

Pourtant, dès 1956, une médecin anglaise, Alice Stewart, publiait les résultats d'une étude de plusieurs années sur le lien entre l'exposition aux rayons X in utero (lors d'examens radiologiques des femmes enceintes) et les cancers et leucémies des enfants en bas âge[1]. Étude qui montrait qu'une dose de radioactivité même très faible a des effets nocifs, potentiellement graves. Ces résultats furent contestés, notamment par les savants et médecins qui suivaient la cohorte de survivants de Hiroshima et Nagasaki, et il fallut attendre plusieurs décennies avant qu'ils soient admis et que les pratiques radiologiques changent en conséquence, au moins pendant les grossesses. Pour autant, l'idée qu'il existe des niveaux au-dessous desquels la radioactivité n'est pas dangereuse est restée, jusqu'à nos jours, un des arguments de base des défenseurs de l'atome, à chaque fois qu'une controverse éclate sur les conséquences d'un essai nucléaire, d'un accident de centrale ou d'un dysfonctionnement ordinaire entraînant des rejets radioactifs.

Un pilier fondamental de la ligne de défense des pronucléaires contre la critique est l'accord de mai 1959 signé entre l'Organisation mondiale de la santé (OMS) et l'Agence internationale de l'énergie atomique (AIEA), qui convient que les deux bureaucraties « agissent en coopération étroite ». Cet accord fait de l'OMS

1. Voir Annie Thébaud-Mony, *La Science asservie*, *op. cit.*, p. 92 à 95.

de facto une promotrice de l'usage de l'énergie atomique. Il avait d'ailleurs été devancé un an plus tôt par les travaux, en son sein, d'un groupe d'étude consacré aux « réactions psychologiques plus ou moins pathologiques » que susciterait probablement l'apparition d'une « source d'énergie aux possibilités aussi immenses » que le nucléaire. Ce groupe de médecins s'intéressait aux « problèmes de santé mentale » posés par l'ère atomique, proposait de les traiter par des méthodes d'éducation nouvelles appliquées « au stade de l'enfance », et préconisait de ne pas éveiller l'anxiété du public par la publicité des débats et la prise de précautions visibles.

Il se trouve que ces réflexions et les négociations en vue de cet accord ont été menées juste après une année (1957) qui vit deux accidents nucléaires majeurs se produire, l'un en URSS (explosion dans une usine de retraitement des combustibles de bombes atomiques, près de Kychtym, totalement passée sous silence dans le monde entier pendant vingt ans), l'autre en Grande-Bretagne (incendie dans un réacteur de la première centrale anglaise, Windscale, largement méconnu en Europe). Et c'est avec l'accident (monumental et indéniable) de Tchernobyl, vingt-neuf ans plus tard, que la portée politique de ces textes est apparue. L'OMS s'est alors rendue complice d'une minimisation scandaleuse des conséquences de l'explosion du fameux réacteur n° 4 de la centrale ukrainienne par le pouvoir soviétique, mais aussi par les gouvernements occidentaux à la botte de l'industrie nucléaire de leurs pays. Après avoir affirmé, à chaud, que l'accident du 26 avril ne provoquerait pas plus de morts que le drame du Heysel (39 personnes tuées dans des bagarres et mouvements de foule dans un stade de Bruxelles en mai 1985), les experts du nucléaire mondial ont finalement daigné revoir le bilan à la hausse, admettant 4 000 morts.

Face à ce monstrueux « complot international contre la vérité » (Bella Belbéoch), il a fallu les travaux minutieux de médecins, scientifiques et journalistes indépendants pour mettre à jour les atroces souffrances d'une partie des populations ukrainienne, biélorusse et russe suite à l'explosion d'avril 1986 – mise à jour restée relativement confidentielle en France comme ailleurs, et qui n'a jamais semblé intéresser grand monde. Le livre des physiciens Bella et Roger Belbéoch, *Tchernobyl, une catastrophe*, retrace une partie de ces efforts, et y contribue en tentant d'évaluer le nombre de cancers que devrait occasionner l'exposition des populations européennes à la radioactivité pour des décennies, voire des siècles. Ils les comptent, prudemment, en centaines de milliers, en attirant notamment l'attention sur les quantités anormales, dès les années 1990, de cancers de la thyroïde chez les enfants de Biélorussie.

> Il a finalement été admis, même par les autorités du pouvoir central, que l'augmentation de morbidité était bien réelle en Ukraine et Biélorussie. Les systèmes de régulation endocrinien, immunitaire, cardiovasculaire sont perturbés. On observe un accroissement des affections de la peau, des maladies auto-immunes, des maladies infectieuses. Les pathologies chroniques nasopharyngées ont été décuplées en Biélorussie, surtout chez les enfants. Nombreux sont les cas d'anémie. Une augmentation de l'incidence des leucémies est rapportée. Les problèmes thyroïdiens graves se soldent désormais par l'apparition des cancers de la thyroïde.
>
> On ne peut plus parler de radiophobie[1]. Les analyses de sang des habitants des zones sous contrôle montrent la présence de divers radionucléides. Les autopsies effectuées en Biélorussie révèlent des radionucléides dans différents organes. Outre le césium 137, on trouve aussi du plutonium et du strontium 90 chez les habitants des régions de Gomel et de Moghilev et cette charge ne diminue pas au cours du temps, ce qui implique une contamination chronique par la nourriture et par inhalation. Le nombre de nouveau-nés avec une anomalie du système nerveux central est en augmentation et ces défauts sont aussi responsables d'avortements spontanés[2].

1. La radiophobie est le concept inventé par les autorités scientifiques et médicales après 1986 pour faire accroire que les personnes de la région de Tchernobyl souffraient avant tout d'une peur (phobie) de la radioactivité – les fameuses « réactions psychologiques pathologiques » anticipées par l'OMS dès 1958.

2. Bella et Roger Belbéoch, *Tchernobyl, une catastrophe*, Paris, La Lenteur, 2012 [1993], p. 196-197. Les époux Belbéoch sont des physiciens de haut niveau qui, dès le milieu des

Le complot des industriels du plomb

Aussi édifiante et violente que soit l'histoire du nucléaire, elle n'est pas un cas isolé dans nos sociétés industrielles. D'autres mensonges ont été organisés sur la nocivité de divers produits essentiels pour certaines filières économiques, et ces mensonges ont d'ailleurs fait l'objet de polémiques encore moins accessibles à la population ordinaire. Des mouvements d'une certaine envergure ont eu le mérite d'exister pour s'opposer aux programmes de production d'électricité nucléaire, même s'ils ont été insuffisants. En comparaison, seuls des travailleurs et travailleuses relativement isolés ont dénoncé les dégâts de l'essence au plomb et de l'amiante, avec parfois le concours de femmes et d'hommes de science qui se sont dressés contre leurs collègues au service des industriels.

Ainsi, les géants américains de la chimie et de l'automobile DuPont de Nemours et General Motors sont-ils à l'origine d'une minimisation des dangers de l'essence au plomb pendant de longues décennies, avec probablement des conséquences importantes pour la santé publique dans le monde entier. Ce mensonge-là est d'autant plus étonnant que la toxicité du plomb était notoire depuis l'Antiquité, et le saturnisme identifié comme un problème sanitaire grave dès le xviiie siècle. D'ailleurs, quand un chimiste allemand découvre le plomb tétraéthyle (PTE) en 1854, il le considère comme un poison, du fait de sa « nature mortelle avérée, dont le contact même [causait] des hallucinations, des difficultés respiratoires, et dans les cas les plus graves : folie, tremblements, paralysies, asphyxies et mort[1]. » Pourtant, au début du xxe siècle, les industriels

années 1970, ont mis leur savoir scientifique au service de l'information des populations et du mouvement antinucléaire naissant, en France. À propos du comité de scientifiques dont ils faisaient partie, au CEA, lire Sezin Topçu, « Les physiciens dans le mouvement antinucléaire : entre science, expertise et politique », *Cahiers d'histoire,* n° 102, 2007. Sur la catastrophe toujours en cours à Fukushima, on peut consulter Arkadi Filine, *Oublier Fukushima*, Le Mas d'Azil, Éditions du bout de la ville, 2021 [2012].

1. Jamie Lincoln Kitman, *L'Histoire secrète du plomb*, Paris, Allia, 2005. Tout le passage à suivre sur ce scandale de l'essence au plomb s'appuie sur cet ouvrage, ainsi que sur la synthèse d'Annie Thébaud-Mony dans le chapitre II de *La Science asservie, op. cit.*

de l'automobile vont recourir à ce produit dans le but d'estomper le bruit de cliquetis que fait le moteur à explosion.

C'est en 1921 qu'un chercheur de l'entreprise DuPont, Thomas Midgley, découvre que le PTE se dilue dans l'essence tout en faisant disparaître les cliquetis. Alors qu'ils sont pleinement conscients de la toxicité du mélange essence/PTE et qu'une alternative existe (l'éthanol), les patrons de DuPont décident de l'adopter et de le vendre à General Motors. Dès la phase pilote de production du nouveau carburant, des cas d'empoisonnement sérieux surviennent chez des ouvriers. Moins de trente jours après l'ouverture de l'usine DuPont à Deepwater (New Jersey), un premier ouvrier meurt, et Thomas Midgley lui-même tombe malade. Mais la mainmise de l'entreprise sur les médias locaux empêche l'affaire de sortir pendant plusieurs mois. Au bout de 5 morts et 34 cas d'intoxication aiguë en moins de deux ans, et face à l'inquiétude des services fédéraux de santé publique, DuPont et sa filière Ethyl Gasoline doivent se justifier. L'ingénieur Midgley affirme à la presse qu'aucune pollution au plomb ne menace la population du fait de l'essence, et il va jusqu'à se laver les mains avec « son » mélange devant les journalistes…

Surtout, entre-temps, son entreprise Ethyl Gasoline a passé un contrat avec le Bureau des mines pour que ses chercheurs étudient les dangers du PTE, avec une clause exigeant que les résultats lui soient toujours soumis avant publication. Une première étude conduite sur des animaux, au sein du Bureau des mines, conclut en 1924 que le gaz éthyl n'est pas dangereux pour la santé, ce qui permet d'éteindre le début de polémique publique. Parallèlement, General Motors a créé son propre comité médical, dont le rapport sur les effets sanitaires de l'essence au plomb s'avère très alarmant, et par conséquent restera secret. Résultat le plus notable de cette alarme : une association des industries du plomb est constituée pour « lutter contre la propagande anti-plomb » ! Un consultant médical d'Ethyl Gasoline, Robert Kehoe, va jouer un rôle important dans cette « lutte ». Au tournant des années 1930, il se retrouve à la tête d'un laboratoire de l'université de Cincinnati, fondé grâce à un don de 150 000 dollars de General Motors, DuPont et Ethyl Gasoline, et qui va devenir la principale source d'information sur le plomb aux États-Unis et dans le monde entier. Son credo est que « le plomb existe à l'état naturel dans le corps humain [et que] les taux élevés de plomb dans le sang décelés chez les sujets d'expérience sont normaux et inoffensifs[1] ». Ses études concluent toujours qu'il n'existe pas de preuve des dangers du PTE.

Kehoe (avec ses donneurs d'ordre) apparaît comme un des inventeurs de la « stratégie du doute », ou de l'« incertitude en cascade » : même lorsque des atteintes toxiques par le plomb sont mises en évidence de manière accablante, il estime que la preuve n'en est pas apportée – parce que la méthodologie de l'étude n'est selon lui pas complètement satisfaisante, parce que les auteurs de l'étude seraient de parti pris, parce que telle expérimentation animale n'est pas pertinente ou que les données d'exposition au produit évalué ne paraissent pas assez fiables à ses yeux, etc. La complexité des mécanismes d'action des toxiques dans l'organisme vivant, et la complexité des réactions pouvant mener à un cancer, par exemple, sont mises à profit pour exiger plus de preuves scientifiques et nier un danger avéré empiriquement. Tout est bon pour empêcher l'émergence d'un consensus sur la nécessité d'interdire le produit soupçonné de causer des ravages.

Pour cela, il ne suffit pas de publier régulièrement des études qui maintiennent le doute, il faut aussi savoir discréditer ou déstabiliser les chercheurs indépendants qui apportent des résultats trop nettement opposés aux intérêts des industriels. Ainsi, en 1965, quand un géochimiste californien publie un article montrant que les êtres humains de l'ère automobile ont cent fois plus de plomb dans l'organisme que ceux de l'époque préhistorique, et que la concentration de plomb dans l'atmosphère a été multipliée par mille, les représentants d'Ethyl Gasoline se précipitent dans son bureau pour lui proposer de financer ses recherches, dans un sens plus favorable à leurs affaires. Suite à son refus, des pressions seront exercées sur son institut technologique pour le faire renvoyer, et le Public Health Service (service fédéral de santé publique) ne renouvellera pas son

1. Jamie Lincoln Kitman, *L'Histoire secrète du plomb*, *op. cit.*, p. 80.

contrat… En 1979, c'est un pédiatre de l'université de Pittsburgh, dont les travaux mettaient en évidence un déficit mental chez les enfants contaminés au plomb, qui s'attirera des ennuis : violemment attaqué par l'Association des industriels du plomb, il se verra interdire l'accès à ses propres documents de recherche par son université.

Les années 1970 sont marquées par un affrontement scientifique et politique entre ces industriels et l'agence nationale de protection de l'environnement (EPA), qui annonce en 1974 une nouvelle réglementation visant à faire reculer l'essence au plomb. Au moment de son entrée en vigueur, le PDG d'Ethyl Gasoline déclarera avec une exemplaire modération que « toutes ces manœuvres contre une industrie qui a contribué de manière incalculable à l'économie américaine pendant plus de cinquante ans sont le pire exemple de fanatisme depuis les chasses aux sorcières du XVIIIe siècle en Nouvelle-Angleterre[1] ». Lui et ses successeurs eurent pourtant de quoi se consoler encore de longues années : si le déclin de l'essence au plomb fut assez rapide aux États-Unis parce que les digues « scientifiques » construites pendant des décennies par les industriels s'effondraient l'une après l'autre, les ventes augmentèrent en Afrique, en Asie, au Moyen-Orient, et même en Europe dans les décennies 1970-1980 – en France, l'interdiction de l'essence au plomb ne fut prononcée qu'en 2000. Ainsi, en 1995, les ventes d'additif au plomb de la firme Ethyl Gasoline représentaient encore 74 % de ses profits, alors que la nocivité de ce produit était considérée comme un acquis scientifique dans son pays d'origine.

Le complot des industriels de l'amiante

On retrouve cette même capacité des industriels à enrôler des laboratoires, des chercheurs et des revues scientifiques, dans un autre grand scandale sanitaire du XXe siècle, avec une autre substance dont la toxicité était aussi connue depuis très longtemps : l'amiante.

1. *Ibid.*, p. 96.

Dès 1906, un inspecteur du travail de Caen avait publié dans le *Bulletin de l'inspection du travail* une enquête sur les conditions de travail dans la filature d'amiante de sa région, dont 50 ouvrières étaient mortes d'asbestose peu auparavant – une fibrose pulmonaire qui altère la respiration jusqu'à l'étouffement. La même année, de manière tout à fait indépendante, un docteur anglais présentait devant la commission sur les maladies industrielles le cas clinique d'un travailleur victime d'asbestose, après dix ans d'exposition à l'amiante (autrefois appelée « asbeste »)[1]. En dépit de ces alertes précoces, la maladie reste peu visible socialement jusqu'aux années 1927-1928 : à cette époque, deux études – l'une sur une usine textile de Leeds dont les ouvrières manipulent de l'amiante importé d'Afrique du Sud, l'autre commandée par le gouvernement anglais sur l'ensemble des usines du pays utilisant l'amiante comme matériau de base – attestent que les travailleurs respirant ces fibres développent des asbestoses précoces, et en meurent fréquemment.

Ces résultats médicaux ont un double effet : d'un côté, ils suscitent le vote, en Grande-Bretagne, de la première réglementation nationale sur l'empoussièrement des lieux de travail, le suivi médical des ouvriers exposés à l'amiante et l'indemnisation des maladies professionnelles (1931) ; de l'autre, ils provoquent la mobilisation des industriels produisant ou utilisant l'amiante. Soucieux de contenir l'information sur les dangers de ce matériau, ces derniers vont financer intégralement un laboratoire (Saranac), dont ils exigent la propriété des résultats et un droit de veto sur les publications. Le docteur Anthony Lanza, ancien médecin-chef du Bureau des mines américain, sera pendant trente ans un des piliers de ce laboratoire et l'expert scientifique de référence à l'échelle internationale sur les maladies dues à l'inhalation de poussière. Lanza fera notamment partie d'une Fondation pour l'hygiène industrielle, destinée à s'opposer aux agissements de « médecins peu scrupuleux qui arriveraient à poser des diagnostics de maladies dues à la poussière, conduisant

1. Annie Thébaud-Mony, *La Science asservie*, *op. cit.*, p. 47-48.

à des plaintes injustifiées[1] ». C'est ainsi que dans les années 1930, les résultats alarmants de plusieurs études épidémiologiques sur l'exposition à l'amiante ne sont pas rendus publics. La thèse d'un jeune médecin sud-africain sur les maladies professionnelles dans une mine du Transvaal est censurée, l'entreprise propriétaire de la mine, Turner & Newall, le licencie pour avoir eu le tort d'établir que la moitié des mineurs de fond et des ouvriers de moulins broyeurs attenants à la mine étaient atteints d'asbestose. Au Canada, au sein de l'université de Montréal, un département d'hygiène industrielle sur fonds privés affirme (sans publier son étude) que les mines du Québec sont moins dangereuses que les usines anglaises utilisant l'amiante, et qu'il n'y pas de cas grave d'asbestose chez les travailleurs canadiens. En Italie et en France, des médecins observant des cas d'asbestose chez des ouvrières refusent de les reconnaître comme maladies professionnelles.

Pendant la Seconde Guerre mondiale, l'Allemagne nazie reconnaît le cancer du poumon associé à l'asbestose comme maladie du travail indemnisable. Par contre, aux États-Unis et en Angleterre, le lien entre amiante et cancer va mettre de longues années à être clairement reconnu, avec dans l'intervalle des conséquences terribles sur les classes ouvrières de ces pays. Les historiens McCulloch (australien) et Tweedale (sud-africain) affirment que le docteur Lanza a maquillé et euphémisé les résultats d'une étude d'un de ses collègues du laboratoire Saranac, décédé en 1946 avant de les publier. En Grande-Bretagne, le médecin épidémiologiste Richard Doll atténue considérablement les conclusions qu'il (pouvait) tire(r) d'une étude sur les ouvriers d'une usine anglaise de Turner & Newall : alors que son travail met en évidence un risque dix fois plus élevé de décès par cancer du poumon chez des ouvriers exposés à l'amiante par rapport à la population générale, ses publications vont contribuer à diffuser l'idée que rien n'est prouvé, que le danger de l'amiante n'est pas

1. Jock McCulloch & Geoffrey Tweedale, *Defending the Indefensible: The Global Asbestos Industry and its Fight for Survival*, New York, Oxford University Press, 2008, p. 60 (traduction d'Annie Thébaud-Mony).

vraiment établi et que les pratiques individuelles à risque, comme le fait de fumer, sont les premiers problèmes à résoudre.

Au tournant des années 1960, le lien est établi entre le contact avec l'amiante et un cancer spécifique, appelé mésothéliome, qui touche à la fois la plèvre (enveloppe du poumon), le péricarde (enveloppe du cœur) et le système intestinal. Les chercheurs qui mettent en évidence ce lien, la fréquence et les mécanismes de ce cancer, seront durablement la cible d'attaques de l'industrie : en Afrique du Sud, le médecin Christopher Wagner devra quitter le pays et son beau-frère Ian Webster, anatomopathologiste de renom, subira un véritable harcèlement.

> Confronté à la suppression de ses données, à l'interdiction de publier ses résultats et à l'impossibilité de construire un registre des cas de mésothéliome en Afrique du Sud, il fut soumis à un harcèlement permanent de la part de l'industrie, mais aussi des autorités de tutelle auxquelles l'industrie accédait directement, insinuant l'absence de professionnalisme du chercheur, de ses adjoints et de ses successeurs. C'est ainsi qu'un gouffre s'est creusé entre la réalité vécue des maladies liées à l'amiante dans la province du Cap et le doute mensongèrement construit les concernant dans les instances scientifiques et administratives de Johannesbourg[1].

Aux États-Unis, c'est le pneumologue Irving Selikoff qui s'attire les foudres des industriels, suite aux études qu'il conduit sur la base de registres tenus pendant des décennies. La grande conférence publique qu'il organise en octobre 1964, à New York, sur les maladies de l'amiante, documente d'une manière inédite l'ensemble des effets sanitaires de ce matériau et met comme jamais l'industrie de l'amiante sur la défensive. De sévères restrictions, voire l'interdiction de l'amiante, étaient désormais à l'ordre du jour. Pourtant, ce n'est pas du tout ce qui se produisit. En effet, 80 % de l'amiante vendu dans le monde, entre 1900 et 2004, l'a été après la « découverte » du

1. Annie Thébaud-Mony, *La Science asservie*, *op. cit.*, p. 63-64.

mésothéliome en 1960 : sur 182 millions de tonnes produites, ce sont 143 millions qui ont été écoulées *après que les dangers de cette substance ont été établis de manière nette*, même par des études sous le patronage de l'industrie. Et si le rapport de 1967 du docteur George Wright, consultant des industriels à l'université de Montréal, confirma que tous les types d'amiante provoquaient le mésothéliome, il ne fut jamais publié pour ne pas donner raison aux médecins sud-africains et à Selikoff[1] . Il est la preuve que les industriels savaient ce qu'ils faisaient en poursuivant et accélérant la production d'amiante, en continuant de nier sa dangerosité – ils ont d'ailleurs continué d'en produire après son interdiction en Europe au début des années 2000.

Les raffinements contemporains de la propagande industrielle

À toutes celles et ceux qui considèrent que se défier en profondeur des positions de grands épidémiologistes, de ministres, de laboratoires pharmaceutiques, de journalistes scientifiques, défendant une vérité certifiée pendant la « crise sanitaire » de 2020-2021, est une preuve d'irrationalisme et de complotisme, ces différentes histoires du XXe siècle, il est vrai choquantes et stupéfiantes, devraient donner matière à réflexion. Oui, il est arrivé que l'industrie censure la recherche scientifique ; oui, elle est capable d'utiliser des chercheurs ou médecins respectables pour éluder tel risque ou amplifier tel autre, nourrir l'incertitude qui lui est favorable et étouffer celle qui la pénalise ; oui, elle est capable de s'opposer à l'indemnisation de victimes de ses procédés ; et oui, elle peut faire tout cela de connivence (plus ou moins prononcée et consciente) avec des gouvernements et des institutions scientifiques publiques. Non, l'idée que des études académiques puissent être biaisées, que des informations graves puissent ne pas sortir dans la presse, que des industriels se comportent de manière criminelle, n'est pas du tout ridicule en

1. *Ibid.*, p. 64.

elle-même. La question est évidemment de savoir *quand cela arrive, sur quel sujet et pour quels intérêts.*

Il faut par ailleurs tenir compte de ce que les moyens employés par les industriels (et leurs représentants politiques ou médiatiques) pour influencer l'opinion publique se sont encore sophistiqués depuis les scandales que nous avons rappelés. La stratégie des « marchands de doute[1] » et de leurs études sponsorisées pour dissimuler les dangers de leur chimie, de leurs aliments ou de leurs cigarettes, a en effet été éventée, à défaut d'avoir été neutralisée, et l'industrie s'est adaptée en conséquence pour contrecarrer les révélations faites par des juges, des chercheurs, des ONG ou des journalistes entre les décennies 1990 et 2010. Un livre important paru en France en 2021 décrit cette mutation : « Les nouvelles frontières du lobbying et les degrés insoupçonnés de raffinement qu'atteignent désormais les stratégies des firmes pour défendre leurs intérêts en instrumentalisant le savoir ». Il s'intitule *Les Gardiens de la raison*[2].

Les auteurs de cette somme, deux journalistes du *Monde* et un sociologue bon connaisseur du lobbying autour de la Commission de Bruxelles, montrent comment les industriels s'efforcent désormais de disqualifier en bloc toutes les critiques qui leur sont adressées, *au nom de la science* – la seule, la vraie, la leur. Ils peuvent compter pour cela sur un certain nombre d'intellectuels qui prétendent défendre cette « bonne science » contre ce qu'ils appellent l'hystérie écologiste. Au fil des pages, on découvre ainsi le rôle joué, dans un certain nombre de polémiques des vingt dernières années, par le sociologue Gérald Bronner (évoqué au chapitre précédent), par Denis Kessler (disciple de Michel Foucault devenu assureur et pilier du Medef), par Jean-Paul Krivine, Hervé Le Bars et Marcel Kuntz (ingénieurs et scientifiques ordinaires devenus têtes pensantes de l'Association française pour l'information scientifique), par Géraldine Woessner

1. Naomi Oreskes & Erik M. Conway, *Les Marchands de doute. Ou comment une poignée de scientifiques ont masqué la vérité sur des enjeux de société tels que le tabagisme et le réchauffement climatique*, Paris, Le Pommier, 2012.

2. Stéphane Foucart, Stéphane Horel & Sylvain Laurens, *Les Gardiens de la raison*, *op. cit.* Citation tirée de l'introduction, p. 11.

et Emmanuelle Ducros (journalistes à Europe 1, *L'Opinion*, *Le Point*...), par Mathias Dufour (senior expert chez McKinsey) et d'autres encore, y compris dans le monde anglo-saxon.

> Revêtant leurs panoplies de fact-checkers face aux « marchands de peur », [les professionnels de l'influence] peuvent jouer le rôle de promoteurs de la « Science » auprès du grand public. Jusqu'alors, ils défendaient les produits dangereux et les substances toxiques de leurs clients en opposant des études sponsorisées aux études scientifiques et indépendantes. Mais la stratégie éculée de la « fabrique du doute » a atteint ses limites. Il s'agit désormais de présenter au public les études de leurs clients comme un bloc de savoirs incontestés, porté par l'ensemble de la communauté scientifique.
>
> Les arguments de l'industrie étaient parés des atours de la science, ils sont maintenant dissimulés derrière une défense de la science comme bien commun. Chacun a entendu ces affirmations dans le débat public : être contre les pesticides dans leurs usages actuels, interroger certains usages des biotechnologies, critiquer l'industrie du nucléaire, c'est être « contre la science », c'est verser dans l'« obscurantisme ». La stratégie des marchands de pétrole, de plastique, de pesticides et d'alcool consiste désormais à dire ce qu'est la « bonne » science. [...] Mais [ils] ont aussi besoin de disséminer leurs informations et de recruter des défenseurs, parfois à leur insu. Cherchant sans cesse l'aval d'acteurs de terrain, les stratèges de l'industrie ne s'encombrent d'aucun scrupule, embarquant au passage la réputation et le prestige de petites associations qui ont, pendant des décennies, défendu l'éducation populaire à la science[1].

Les auteurs s'attardent principalement sur le cas de l'Association française pour l'information scientifique (Afis), issue de la tradition rationaliste ancrée à gauche. Créée en 1968 par un journaliste et militant communiste qui souhaitait rendre largement accessible

1. *Ibid.*, p. 167, puis p. 12.

une information de qualité sur les grandes découvertes scientifiques «sans tenir compte de la pression des intérêts privés», l'Afis s'était aussi donné pour objectif de lutter contre le charlatanisme et l'ésotérisme (voyants, ufologues et arnaques aux maisons hantées). Mais au fil du temps, le personnel de cette association a beaucoup changé et, depuis les années 2000, elle est largement composée d'ingénieurs ou d'agronomes qui s'identifient fortement à l'impératif d'innovation technologique et aux intérêts privés. La ligne éditoriale s'en ressent : la revue de l'association, *Science et pseudo-sciences*, est devenue un haut lieu de la critique du principe de précaution, du déni des risques industriels et de l'offensive idéologique contre l'écologie et la technocritique[1].

C'est ainsi qu'elle a publié à la fin des années 2000 et au début des années 2010 plusieurs articles et recensions mettant en doute la réalité du changement climatique et de ses origines industrielles. Aux États-Unis, depuis les années 1970-1980, de nombreuses associations (de gros *think tanks*, mais aussi de petits syndicats professionnels ou comités mettant des ressources scientifiques à disposition des instituteurs) sont financées par l'industrie pétrochimique pour répandre le scepticisme à propos du réchauffement en cours. En donnant par exemple la parole à un ancien rédacteur en chef de la revue *Éléments*, paré du titre de «rédacteur scientifique» et d'un pseudonyme, elle a participé à l'importation en France de ces thèses qui n'y avaient jusque-là rencontré quasiment aucun écho. À la même époque, *Science et pseudo-sciences* se fait aussi le relais de ce que Foucart, Horel et Laurens appellent «la fable du DDT» : l'idée que la résurgence des épidémies de paludisme, depuis plusieurs décennies, en Afrique et en Asie, serait due au discrédit jeté par les écologistes sur le DDT et à l'interdiction de ses usages agricoles. Cette thèse a été activement promue, dans les années 1990, par des *think tanks* libertariens et, derrière eux, les industriels de la chimie et même de la cigarette, qui veulent jeter l'opprobre sur

1. Voir François Jarrige, *Technocritiques. Du refus des machines à la contestation des technosciences*, Paris, La Découverte, 2016.

toute réglementation de l'activité économique au nom de l'écologie ou de la santé. À partir de 2003, divers articles de la revue de l'Afis accréditent l'idée que l'« hystérie écologiste » autour des dangers de la chimie de synthèse serait responsable de milliers de morts à travers le monde, y compris lors du tremblement de terre de 2010 en Haïti, où les autorités auraient laissé l'épidémie de choléra se développer par crainte de répandre du chlore dans l'environnement.

Enfin, l'Afis, avec le crédit dont elle jouit encore en tant qu'« autorité rationaliste », joue un rôle moteur dans les polémiques médiatiques toujours relancées autour du glyphosate. Deux des figures les plus actives de l'association, Jean-Paul Krivine (ingénieur EDF à la retraite) et Hervé Le Bars (ancien informaticien chez IBM), se mobilisent sur le site de l'association, sur les réseaux sociaux et dans les médias classiques (*Le Figaro*, *Le Point*, *L'Express*...) pour nier le consensus scientifique existant sur les risques cancérigènes du célèbre pesticide de Monsanto, et pour attaquer les scientifiques et les journalistes qui plaident pour son interdiction. Ils n'hésitent pas à ouvrir les colonnes de leur revue à des agronomes travaillant en lien direct avec les géants de l'agrochimie et de l'agro-industrie (Bayer, Syngenta, Sofiprotéol...). La neutralité de ces agronomes leur paraît autrement plus indiscutable que celle des « menteurs militants[1] » que sont nécessairement, à leurs yeux, le chercheur Gilles-Éric Séralini ou les journalistes Élise Lucet et Stéphane Foucart.

En plus d'institutions établies comme l'Afis, les industriels peuvent s'appuyer sur une myriade d'associations « citoyennes », parfois créées de toutes pièces par leurs soins : associations d'agriculteurs du tiers-monde réclamant « des OGM pour les pauvres », associations d'agriculteurs européens contre l'interdiction du glyphosate, groupes de soutien à l'industrie nucléaire dans la société civile comme la Nuclear Pride Coalition... Mais d'autres acteurs peuvent être plus subtilement mobilisés et récupérés par l'industrie, sur la base de leurs sincères convictions. C'est ce qui se passe

1. « Menteur militant » est un « hashtag » couramment utilisé (avec parfois de plus amples insultes accolées) par les défenseurs du rationalisme et de la grande industrie, dans leurs joutes sur Twitter.

notamment sur Internet, où tout un milieu de partisans de « la Science et du Progrès » se met de facto au service des grandes industries et de leur *storytelling* rationaliste, anti-écologiste. Des ingénieurs, des chercheurs, des agriculteurs parfois mènent sur les réseaux sociaux ou sur YouTube une guerre sans merci contre la critique des pesticides, des biotechnologies, du nucléaire, contre l'usage de l'homéopathie ou l'inquiétude vis-à-vis des vaccins. Beaucoup font ce travail d'influenceur bénévolement, à coups de tweets répétés ou de vidéos soignées – c'est ainsi que les chaînes YouTube consacrées à la vulgarisation scientifique, au « debunking » de fausses nouvelles (faux arguments) ou à la « promotion de l'esprit critique » se sont multipliées ces dernières années, avec des titres comme « Hygiène mentale », « La Tronche en biais », « Science4All », « Science étonnante », ou des pseudos comme Debunker des étoiles, Defakator, Le Réveilleur ou Chat sceptique.

Il arrive aussi que de telles initiatives soient repérées, encouragées et alimentées par des industriels qui y trouvent intérêt, ou par les agences de relations publiques qui s'occupent de leur image.

> Imaginez-vous en industriel vendeur de produit controversé. Vous souhaitez diffuser l'idée que votre pesticide est sans risques pour la santé. Dans les années 2000, vous vous seriez sans doute contenté de créer et financer un pseudo-« institut scientifique » adossé à votre entreprise [...]. Depuis quelques années, ce type de stratégie rencontre ses limites : elle vous expose au reproche du conflit d'intérêts. Si vous voulez que votre message soit à la fois endossé par les décideurs et repris le plus largement possible pour contrer les éventuelles critiques, voilà aujourd'hui le meilleur moyen : produire un contenu scientifique « dégriffé » et faire en sorte que des citoyens désintéressés le relaient. [...] Cette stratégie peut désormais être complétée par l'*inbound marketing*, un outil de relations publiques qui consiste à faire porter par d'autres ses propres arguments, le *storytelling* de son entreprise, les chiffres de ses propres études.
>
> [...] C'est en substance ce que propose v-Fluence Interactive, le cabinet de Jay Byrne. Le parcours de ce consultant américain,

> titulaire d'un diplôme de management de l'éducation à Harvard et au MIT, résume à lui seul l'évolution du secteur. Après avoir été directeur des affaires publiques de Monsanto, il a monté sa propre entreprise d'influence digitale en 2001. Il travaille désormais aussi pour AstraZeneca, Pfizer, Syngenta ou le *think tank* libertarien American Enterprise Institute. Selon sa présentation publique, v-Fluence « fournit à ses clients une feuille de route bien balisée, gérable et mesurable, pour entrer en contact avec leurs publics cibles et les influencer efficacement [...] ».
>
> Les *community managers* de v-Fluence animent ainsi Bonus Eventus, une ferme de contenu à destination d'influenceurs depuis Saint-Louis (États-Unis), où se situe également le siège de Monsanto. Ils repèrent les relais potentiels de leurs messages sur les réseaux sociaux, les contactent, leur donnent des codes d'accès au site Bonus Eventus, où ils peuvent piocher dans des diapositives, des schémas accessibles et diffusables au plus grand nombre sur Twitter ou ailleurs. Pour se faire une idée du nombre de médias traditionnels ou 2.0 qui relaient chaque jour du contenu nourri par Bonus Eventus, il suffit d'aller explorer le fil Twitter que ses *community managers* utilisent pour faire le bilan comptable de leurs succès[1].

Dans le chapitre de Foucart, Horel et Laurens consacré à la « trollisation de l'espace public », on apprend aussi que des « petits génies » de l'informatique ont développé des logiciels d'« écoute sociale » permettant de repérer, dans le brouhaha d'Internet, les influenceurs les plus intéressants pour les marques. Ces logiciels sont capables de faire le tri entre vrais et faux *followers* d'un compte et d'établir leur profil sociologique, ce qui permet d'estimer l'impact que peut avoir tel ou telle, et l'argent qu'il vaut la peine de lui proposer. Car si certains influenceurs acceptent seulement des cadeaux des entreprises que leurs propos servent, beaucoup se font désormais payer. Les industriels ont aussi les moyens de payer Facebook ou Instagram

1. Stéphane Foucart, Stéphane Horel & Sylvain Laurens, *Les Gardiens de la raison*, *op. cit.*, p. 151-153.

pour mettre en avant un contenu réalisé par un micro-influenceur qui leur semble particulièrement profitable...

Les Gardiens de la raison dévoilent donc de manière très documentée le dessous des cartes d'une grande partie des controverses scientifico-industrielles de notre époque – pas celle du Covid-19, il est vrai. C'est une enquête dévastatrice pour la croyance, encore assez partagée, que la science réellement existante serait un espace d'échanges correctement régulés et de construction d'une vérité fiable, pouvant servir de boussole aux citoyens et aux décideurs. Elle apparaît au contraire comme une arène directement politique, où se joue quotidiennement la perpétuation du pouvoir des grandes industries sur la société et où, par conséquent, tous les coups sont permis, tous les sophismes autorisés, toutes les manipulations possibles. Le tableau que dressent Foucart, Horel et Laurens de la vie académique et intellectuelle en France (ainsi que plus brièvement dans les pays anglo-saxons) est de ce point de vue particulièrement inquiétant. Au regard des faits d'armes qui lui sont attribués dans ce livre, la nomination de Gérald Bronner à la tête de la commission « Les Lumières à l'ère numérique » signifie à elle seule combien l'engagement du pouvoir macronien au service des grandes industries est total, et qu'il s'opposera par tous les moyens disponibles à la remise en cause de leurs vérités.

C'est ainsi que, non contents de parvenir la plupart du temps à canaliser l'anarchie d'Internet à leur profit, les industriels et leurs avocats attitrés dans le débat public – comme Bronner, Virginie Tournay ou Mathias Dufour[1] – souhaitent en plus bénéficier du poids d'un « Science Media Centre ». Un tel centre de médias existe en Grande-Bretagne depuis vingt ans. Son rôle est de procéder à

1. J'ai déjà mentionné que Mathias Dufour est senior expert chez McKinsey depuis 2011 ; passé par l'ENS, l'ENA, HEC et Harvard dans les années 2000, il faisait partie du cabinet de Roselyne Bachelot au ministère de la Santé, où il travaillait à « moderniser l'offre de soins ». En tant que consultant chez McKinsey, il a créé un *think tank* pour défendre les intérêts de ses clients au sein de la « société civile », baptisé #Leplusimportant. Quant à Virginie Tournay, elle est politologue, directrice de recherche au CNRS, conseillère à l'OPESCT (Office parlementaire d'évaluation des choix scientifiques et technologiques) et collaboratrice régulière de #Leplusimportant.

un tri en amont des informations diffusées dans la presse britannique sur les enjeux scientifiques et technologiques. Dès qu'un sujet émerge dans le débat public en lien avec ces enjeux, le SMC rédige des synthèses et des communiqués utilisables par les journalistes, sans hésiter à sélectionner les « bons » scientifiques susceptibles de donner des interviews. Il met même à disposition des rédactions une *hotline* téléphonique pour répondre à leurs questions sur les sujets qu'elles ne maîtrisent pas (encore). Ce bureau de presse assez particulier a été mis en place, outre-Manche, à l'initiative de consultants, journalistes et chercheurs, qui craignaient une mise en question des bienfaits du « progrès scientifique » au tournant des années 2000, dans le contexte du scandale dit de la « vache folle » et de la contestation politique diffuse des biotechnologies agricoles. Il se présente comme « complètement indépendant », alors qu'au début des années 2010, ses financements d'origine publique ne représentaient que 7 % du total ; et qu'au contraire une petite moitié de ses fonds proviennent (directement ou indirectement) d'entreprises privées de la chimie-pharmacie (AstraZeneca, BASF, Bayer, GlaxoSmithKline, Novartis, Syngenta, la fondation Wellcome Trust…), des biotechnologies, de l'agro-alimentaire (Coca-Cola, Unilever…), de l'énergie (BP, la Nuclear Industry Association…)[1].

C'est vers un verrouillage de l'information de cette sorte que souhaite aller une Virginie Tournay, quand elle déclare en novembre 2018, devant un parterre de « rationalistes » réunis pour les cinquante ans de l'Afis :

> Le problème, c'est que la guerre politique n'est pas une guerre pour la vérité, elle est une guerre d'opinion. […] Il faut rebattre les cartes de telle sorte que les politiques aient les moyens institutionnels de s'opposer aux pratiques d'intimidation des minorités antiprogressistes. Je pense très sincèrement qu'il faut une haute autorité de la culture scientifique, un modèle à la française adapté

1. Voir Lucy Brown, David Miller, Matthias Schloegl, « The Science Media Centre : Funding, Conflict of Interest and Credibility », *The 13th International Public Communication of Science and Technology*, Salvador de Bahia, 5 mai 2014.

> des Science Media Centers anglo-saxons qui associerait scientifiques, médiateurs de la culture scientifique et pouvoirs publics dans une démarche partenariale. Je travaille très activement à ce projet et mon souhait serait que l'Afis en soit la pièce maîtresse en raison de toute son expérience acquise[1].

Depuis lors, ce projet avance dans les sphères parlementaires et exécutives. La vraie question n'est pas tant de savoir quand ce SMC français sera officiellement inauguré (il le sera visiblement tôt ou tard) que de savoir si un tel dispositif n'a pas déjà été mis en place de manière informelle, dans le feu de la crise du Covid, tant la gestion de l'information scientifique pratiquée par la grande presse pendant cette séquence s'approche des vœux des « gardiens de la raison[2] ».

LA TECHNOSCIENCE, INDÉFENDABLE

Après tout cela, il faudrait s'étonner (et s'indigner) qu'une certaine proportion de Français « pensent qu'on leur ment » (Rudy Reichstadt[3]). Après tout cela, il faudrait accuser « le complotisme » d'avoir transformé « le débat démocratique (sic) en dialogue de sourds [...] en sapant la confiance, en ruinant toute possibilité d'un monde commun partagé, d'une réalité factuelle autour de laquelle peut s'organiser la confrontation d'opinions contradictoires » (Rudy Reichstadt[4]). Qui offrira à ce monsieur les œuvres complètes de George Orwell, Hannah Arendt ou Christopher Lasch ? Et ces saines lectures suffiraient-elles à lui faire admettre que ce « travail

1. Stéphane Foucart, Stéphane Horel & Sylvain Laurens, *Les Gardiens de la raison*, *op. cit.*, p. 204-205.

2. Les auteurs du livre éponyme ne sont sans doute pas d'accord avec cette affirmation. Elle est toutefois bien étayée par un travail d'enquête du même type que le leur : voir Laurent Mucchielli, *La Doxa du Covid*, tome II, *op. cit.*

3. Interviewé par Aurélie Marchadier, « Étude à l'appui, Rudy Reichstadt explique en quoi le complotisme est un phénomène social majeur », *op. cit.*

4. Interviewé par Luc Cédelle, « Il faut impérativement cesser de trouver des excuses au complotisme », *op. cit.*

de sape » a été entamé de longue date, non pas par quelques idéologues extrémistes, mais par *l'ensemble des managers, des politiciens et des technocrates ordinaires* qui dessinent la trajectoire des sociétés industrielles depuis la Première Guerre mondiale au moins ?

Après tout cela, il faudrait encore partager la conclusion de la tribune d'Eva Illouz publiée dans *Le Monde* au moment (décembre 2020) où commençaient la plus grande campagne de vaccination de l'histoire et la plus grande campagne de communication jamais vue – pour soutenir la première : face au péril complotiste, la solution pour préserver « le régime démocratique » serait de « croire en la science[1] ». Qui relira avec cette directrice d'études à l'EHESS les écrits de l'École de Francfort sur le rôle social de la technoscience dans la domination moderne ? On avait bien compris qu'elle ne citait abondamment Adorno, Horkheimer et Marcuse que comme des auteurs classiques qui exagéraient un peu même s'ils étaient stimulants, mais enfin, elle *sait* que des intellectuels juifs ayant fui les persécutions nazies en Europe ont pu formuler, aux États-Unis, en mai 1944 – avant les bombardements atomiques d'août 1945, et avant que le mode d'organisation de la Shoah soit précisément connu – les jugements suivants :

> Ce que nous nous étions proposé de faire n'était en effet rien de moins que la tentative de comprendre pourquoi l'humanité, au lieu de s'engager dans des conditions vraiment humaines, sombrait dans une nouvelle forme de barbarie. [...] Même si nous avions constaté que dans l'activité scientifique moderne, la rançon des grandes inventions était une décadence croissante de la formation théorique, nous pensions du moins pouvoir suivre cette activité en nous contentant de critiquer ou de développer des doctrines spécifiques. [Or], dans l'actuel effondrement de la civilisation bourgeoise, non seulement l'activité scientifique, mais le sens même de la science est devenu problématique. Ce que les fascistes de fer louent hypocritement et

1. « Croire à la science ou pas : la question qui pourrait décider de l'avenir du monde », *Le Monde*, 11 décembre 2020.

ce que les experts dociles de l'humanité mettent naïvement en pratique : l'autodestruction incessante de la Raison, contraint le penser à s'interdire même les derniers vestiges de candeur à l'égard des habitudes et des tendances de l'esprit de l'époque.

[...] La philosophie [des Lumières] qui, au XVIIIe siècle, en dépit des autodafés et des bûchers, inspira une terreur mortelle à l'infamie, choisit de servir cette infamie dès le règne de Napoléon. Pour finir, l'école apologétique de Comte usurpa la succession des encyclopédistes intransigeants et tendit la main à tout ce contre quoi ceux-ci avaient lutté jadis. [...] L'accroissement de la productivité économique qui, d'une part, crée les conditions d'un monde meilleur, procure d'autre part à l'appareil technique et aux groupes sociaux qui en disposent une supériorité immense sur le reste de la population. L'individu est réduit à zéro par rapport aux puissances économiques. En même temps, celles-ci portent la domination de la société sur la nature à un niveau jamais connu. Tandis que l'individu disparaît devant l'appareil qu'il sert, il est pris en charge mieux que jamais par cet appareil même. Au stade de l'injustice, l'impuissance et la malléabilité des masses croissent en même temps que les quantités de biens qui leur sont assignées.

[...] Si la Raison n'entreprend pas un travail de réflexion sur ce moment de régression, elle scellera son propre destin. [Tant] que la réflexion concernant l'aspect destructif du progrès est laissée aux ennemis de ce dernier, [...] la mystérieuse disposition qu'ont les masses à se laisser fasciner par n'importe quel despotisme, leur affinité autodestructrice avec la paranoïa raciste [resteront incompréhensibles][1].

Que presque quatre-vingts ans plus tard une universitaire ayant une bonne connaissance de ce texte et ayant eu sous les yeux cent exemples illustrant sa pertinence en soit encore à s'inquiéter que *les masses ne croient pas assez en la science* résume la situation d'impasse historique où nous sommes. (Et il ne suffit évidemment

1. Max Horkheimer, Theodor W. Adorno, *La Dialectique de la raison. Fragments philosophiques*, Paris, Gallimard, 1974. Ces passages sont tirés de la préface rédigée à Los Angeles en mai 1944, p. 13, 14 et 15.

pas de dire, aujourd'hui, que c'est parce que c'est une universitaire qu'elle n'y voit pas clair.)

Certes, en citant Adorno et Horkheimer, j'élargis brusquement le champ des problèmes abordés dans ce chapitre. Je passe des mensonges de *certains* chercheurs, médecins et industriels (mensonges qui peuvent être vus comme des entorses à la « bonne science ») à la critique plus générale du positivisme – de la contribution de toute la science aux formes de domination et d'aliénation modernes. Mais c'est que les deux éléments ne sont pas sans rapport. Les mensonges de la *Big Science* aux mains des industriels ne servent pas qu'à stimuler des taux de profit ; ils servent à asseoir la domination d'une certaine vision du monde, d'une certaine manière d'agir sur lui. Ils sont là pour empêcher la formation d'une conscience claire de ce qu'après quatre siècles de développement scientifique et deux siècles et demi de développement industriel « la terre, entièrement "éclairée", resplendit sous le signe des calamités triomphant partout[1] ».

À une époque où le débat d'idées est dominé (fût-ce hypocritement) par l'exigence de scientificité, les partisans de la liberté et de l'égalité doivent défendre la vérité de plusieurs manières. Il leur faut effectivement corriger les distorsions de faits les plus grossières en prenant appui sur des travaux scientifiques honnêtes ; mais il leur faut aussi critiquer l'impérialisme de la démarche scientifique, le culte des faits, l'idée que les grands débats éthiques et politiques puissent être tranchés par la science. C'est le défi que doit relever tout mouvement d'opposition au déferlement technologique, que celui-ci prenne la forme de centrales nucléaires, de laboratoires P4, de plantes ou thérapies biotechnologiques, de robots pulvérisant des pesticides… : articuler l'enquête critique, qui dénonce chiffres à l'appui les nuisances de telle ou telle innovation, et la démonstration politico-philosophique que même si cette innovation ne faisait pas tant de dégâts immédiats, il serait préférable de ne pas l'adopter.

C'est faute d'une articulation réussie de ces deux éléments, dans les luttes des dernières décennies, que nous nous enfonçons dans un

1. *Ibid.*, p. 21.

monde de plus en plus artificiel et de moins en moins vivable. C'est faute, aussi, que se soit développée une critique à la fois sensible et rationnelle du Progrès, que le complotisme prospère puisqu'il est un fétichisme des faits et des chiffres poussé à l'extrême – un positivisme devenu fou.

CHAPITRE III

Les bases objectives du complotisme (2) : un futur sans avenir

Les superflus sont aujourd'hui vraiment superflus. Inutiles comme producteurs concurrencés par l'informatique et l'automation. Insolvables comme consommateurs au point d'en être à quémander une allocation d'existence universelle. […] Comme si l'élite technocratique avait le moindre intérêt à maintenir en vie et à « augmenter » la masse vorace des superflus à laquelle elle dispute ce trognon de terre résiduel. L'analyse froide et rationnelle dont elle est seule capable, grâce à ses think tanks, *la mène plutôt à la conclusion qu'il faut se débarrasser de ces bouches nuisibles. L'art d'y parvenir est ensuite tout d'exécution. Stérilisation via l'empoisonnement chimique ou la contrainte légale ; dégradation des conditions de vie et baisse de l'espérance de vie ; catastrophes « naturelles » et technologiques, épidémies, famine, guerres… Cette planète serait très vivable pour une élite d'un ou deux milliards [d'humains augmentés], maîtrisant sa reproduction et son environnement, fonctionnant en symbiose avec sa machinerie automatisée.*

[…] Nous forçons le trait, bien sûr. Beaucoup diront que nous versons dans la science-fiction catastrophiste. Mais il y aurait lieu de s'interroger sur l'existence et la croissance de ce courant prophétique, sur ce qu'il peut exprimer de conscience réelle de l'évolution historique. Si nous voulons sortir du sempiternel retard de la conscience sur le désastre, il faut cesser de passer de « on n'en est pas là » à « de toute façon, c'est trop tard ».

Pièces et main-d'œuvre, *Machines arrière !*, 2016

Les différents scandales et (projets de) manipulations rappelés dans le chapitre précédent ont de quoi justifier, à eux seuls, la défiance profonde d'une partie importante des populations à l'encontre des oligarchies politiques et industrielles. Ils entrent en résonance avec le fait que beaucoup de citoyens ne croient plus que « nous vivions en démocratie », même imparfaite, ni que « la presse constitue un indispensable contre-pouvoir ».

Pourtant, ce sont rarement ces scandales-là, semble-t-il, qui nourrissent principalement la défiance diffuse vis-à-vis des élites économiques, politiques et médiatiques. Même si le souvenir des experts et des ministres garantissant, au printemps 1986, que le nuage radioactif de Tchernobyl s'était arrêté aux frontières revient souvent dans les conversations sur la saine distance à garder avec les discours officiels, le monstrueux mensonge nucléaire dans son ensemble est très peu présent dans la conscience populaire des méfaits du pouvoir et des « limites » du régime représentatif. S'il arrive que la connaissance précise de telle affaire ou telle manipulation alimente la défiance, c'est surtout le sentiment global d'un effondrement de l'avenir qui la nourrit, et en vient à créer un état d'esprit conspirationniste quand s'y ajoute l'idée que cet effondrement est préparé ou organisé par les puissants de ce monde.

Ce qui est depuis quelques années massivement perçu dans les populations occidentales, c'est la double menace d'un affaissement du système économique, dont chacun se sent dépendant, et d'un effondrement écologique susceptible de rendre tout ou partie de la Terre inhabitable. Cette double menace, qui dessine des perspectives apocalyptiques, alimente de manière très directe la paranoïa qu'on voit à l'œuvre dans de nombreux courants d'opinion, sur des sujets divers. Là encore, bien que je sois parfaitement conscient que cette paranoïa débouche souvent sur n'importe quoi, je pense qu'il est indispensable d'examiner sérieusement le rôle des oligarchies dans ces effondrements qui ont, en réalité, déjà commencé. Pour reprendre les termes de Wu Ming 1 : il faut se confronter aux « noyaux de vérité » de la paranoïa « antisystème » pour pouvoir en dénoncer de manière juste les aberrations. Et pour reprendre les termes d'Adorno et Horkheimer : il faut défendre la raison émancipatrice à la fois contre «les fascistes de fer» (ou de plastique), et contre «les experts dociles» d'extrême centre, qui se réclament de l'humanité et de l'humanisme alors qu'ils les détruisent méthodiquement.

Que le grand krach nous croque ?

La première menace globale qui plane au-dessus de nos sociétés d'abondance et qui alimente l'angoisse vis-à-vis du futur et la défiance radicale vis-à-vis des élites, c'est la menace d'effondrement économique. Une partie de la population ressent très justement le fait que le système économique dans et par lequel nous vivons est en équilibre très instable et structurellement à bout de souffle.

Il ne s'agit pas ici de la prédiction d'un effondrement-disparition du capitalisme tel que Marx l'avait pronostiqué depuis 1848, et que continuent de prévoir de nombreux marxistes aujourd'hui. Le capitalisme industriel – l'accumulation sans fin d'argent généré par la production de masse – risque de continuer à exister, fût-ce sous des formes de moins en moins libérales, tant que les peuples n'auront pas inventé autre chose à la place. Ce qui guette, actuellement, c'est la fin du capitalisme *créateur d'emplois concédant un minimum de sécurité économique et une certaine redistribution dans la société.* Bref, la seconde mort – et la vraie – du fordisme. Le fordisme, c'est le nom couramment donné à la forme du capitalisme occidental d'après-guerre : des salaires qui augmentent à peu près au même rythme que les gains de productivité des entreprises, et qui suivent l'inflation ; des politiques publiques de plein emploi et de redistribution des richesses, qui assurent la hausse continue de la consommation et contribuent ainsi aux profits du secteur privé[1].

1. Voir Robert Boyer, «La crise actuelle : une mise en perspective historique», *Critiques de l'économie politique,* n° 7-8, avril-septembre 1979 ; et la deuxième partie de Frédéric Lordon, «Théories de la croissance : quelques développements récents», *Observations et diagnostics économiques,* n° 37, juillet 1991.

On parle généralement de fordisme exclusivement à propos du court âge d'or de ce modèle, sur fond d'égalisation (à la fois très relative et notable) des conditions économiques entre 1945 et 1980. Je défends plutôt l'idée que les sociétés occidentales ont continué, après 1980, de vivre avec un système fordiste, même s'il est vrai que c'est *un fordisme qui fonctionne mal* – dont les différents traits ne sont plus en harmonie les uns avec les autres[1]. Les salaires ont arrêté d'augmenter tandis que les rémunérations du capital se sont envolées ; les systèmes de redistribution par l'impôt ou les cotisations sociales ont été progressivement affaiblis, parce qu'ils entraient en contradiction avec les intérêts privés ; le chômage et les inégalités sont repartis à la hausse, ce qui est à la fois cause et conséquence d'un relatif ralentissement de la « croissance ». Mais malgré la réapparition de fossés économiques et culturels considérables, malgré l'ouverture des économies et des emplois du Nord à la concurrence des bas salaires du Sud, la consommation de(s) masse(s) est restée un moteur du capitalisme de l'an 2000. La stabilité de nos sociétés d'abondance a continué de reposer sur l'existence d'une vaste classe moyenne, aux perspectives d'ascension sociale moins fréquentes, mais avec des possibilités économiques toujours hallucinantes, quand on les resitue dans l'histoire longue de l'humanité : voyages répétés à des centaines de kilomètres de chez soi, chauffage ou climatisation sans effort physique personnel, téléviseurs de plus en plus larges, téléphones mobiles de plus en plus sophistiqués, abondance prodigieuse de meubles et de vêtements neufs, de loisirs et de spectacles payants (quitte à financer tout cela à crédit), soins à l'hôpital largement remboursés ou gratuits (même s'il y a de plus en plus d'exceptions), etc.

Ce qui plane depuis quelques années, c'est la fin de tout ou partie de ces possibilités prodigieuses. Pas seulement du fait des limites écologiques qui se font de plus en plus sentir, mais aussi à cause

1. Sur cette idée de fordisme fonctionnant mal, voir mon mémoire de thèse *La Participation des cadres du marketing et de la communication au pouvoir industriel* (Nanterre, 2010), et notamment le chapitre II, « Le rôle crucial du marketing dans un fordisme sans régulation ».

d'un problème de dynamique interne au système économique. En premier lieu, ce système peut à tout moment être secoué par une crise financière majeure, un écroulement des pyramides de crédits, dont les conséquences sur l'économie réelle (les emplois, les revenus des gens ordinaires, les profits des grandes entreprises, les finances des États et les mannes qu'elles distribuent dans les sociétés…) sont inconnues dans le détail mais potentiellement gigantesques. Une crise comparable à celle des *subprimes* en 2008, ou plus importante encore, pourrait révéler de manière définitive le divorce entre les quantités faramineuses de signes monétaires qui circulent et les richesses bien moindres produites par l'activité économique rentable. Je ne renvoie pas ici au fantasme d'une « vraie » richesse industrielle opposée à la pure spéculation, puisque c'est le propre du système capitaliste moderne que de reposer sur le crédit : c'est grâce à l'essor et à la sophistication du crédit, à partir de la fin du Moyen Âge, que les grandes industries modernes ont pu naître, et c'est toujours sur des expansions risquées de la sphère monétaire et sur des paris spéculatifs plus ou moins fous qu'ont pris appui les révolutions industrielles successives[1].

Reste que jusqu'à la deuxième moitié du XXe siècle, les expansions du crédit étaient toujours suivies de contractions qui dégonflaient la bulle plus ou moins violemment… jusqu'à ce qu'elle regonfle. En coupant tout lien entre monnaies et vie matérielle, les dirigeants des États occidentaux ont peut-être annihilé la seule capacité d'autorégulation qu'avait le système financier. Depuis la décision du président américain Richard Nixon, en 1971, de désindexer le dollar (qui était déjà la monnaie de référence pour le monde entier) de l'or, les monnaies émises par les banques centrales comme par les banques privées n'ont plus d'étalon matériel, et n'ont plus besoin d'avoir une contrepartie physique, à Fort Knox ou ailleurs. Le crédit est gagé sur de la monnaie, dont l'émission est elle-même basée

1. Voir Jean-Luc Gréau, *Le Capitalisme malade de sa finance. Des années d'expansion aux années de stagnation*, Paris, Gallimard, 1998. On peut aussi (re)lire *L'Argent* du romancier Émile Zola, sur la fièvre spéculative du Second Empire, indissociable du décollage industriel de la France.

sur d'autres crédits, si bien qu'il n'y a plus de frein à la création monétaire et qu'il n'y a plus forcément de lien, même à long terme, entre les activités économiques et la quantité d'argent en circulation. Le signe monétaire ne renvoie (presque) plus qu'à lui-même, et la promesse capitaliste que le crédit consenti pour investir provoquera bientôt un afflux de richesses en retour peut être reconduite à l'infini. Bien sûr, des projets capitalistes particuliers peuvent encore rencontrer une restriction de crédit, qui punit leur rentabilité insuffisante aux yeux des banquiers et des actionnaires, et qui y met fin. Mais le système dans sa globalité n'a plus de point de butée puisque la masse monétaire n'est gagée sur rien.

Se posent par conséquent deux questions : quand aura lieu la gigantesque crise du crédit, la « grande dévalorisation[1] » de la masse monétaire, qui semble inévitable ? Cela peut être demain matin comme cela peut mettre encore plusieurs années. L'inflation qui sévit au cours de l'année 2022, sans équivalent depuis plusieurs décennies, peut être le signe que la dévalorisation de l'argent a commencé, et elle pourrait s'amplifier (progressivement ou brutalement) en fonction des évènements politiques, sociaux, climatiques. Deuxième question : quelles seront les conséquences sur les sociétés industrielles du monde entier d'un écroulement, disons poussé, de la pyramide des crédits ? Jusqu'à quel point bas de prospérité capitaliste et de confort matériel peut nous ramener une débâcle financière de très grande ampleur ? Peut-on imaginer des situations où une tornade inflationniste, ou un défaut général de crédit, provoque la faillite des grandes banques, donc la disparition de l'argent de centaines de millions de personnes, une explosion du chômage par la faillite de nombreuses entreprises et une impossibilité pour de grands États d'honorer leurs engagements, salaires des fonctionnaires compris ? Pourrait-il arriver qu'une fois

1. Pour reprendre le titre d'un essai d'Ernst Lohoff & Norbert Trenkle (Fécamp, Post-éditions, 2014), qui éclaire pour partie ces sujets, mais dont je ne partage ni le lexique marxien compliqué, ni la perspective politique. Au final, ces auteurs restent fascinés par l'abondance industrielle, que la valorisation capitaliste a jusqu'ici permise, et dont ils déplorent qu'elle soit désormais menacée par elle.

la pyramide de crédits au sol, il soit difficile de faire redémarrer certaines activités, publiques mais aussi privées, nécessitant beaucoup d'argent ?

Il est impossible de répondre à ces questions parce que le scénario de l'inévitable ajustement financier n'est pas écrit d'avance. Il dépendra des réactions des institutions et des populations, qui se produiront ou pas, dans telle direction ou dans telle autre. Ce qui est certain, c'est que ce scénario fait fantasmer beaucoup de gens, en Occident, aujourd'hui. Le risque majeur d'effondrement financier est un élément qui alimente la vive défiance de certains pans de l'opinion envers les élites politico-économiques, car elles en sont par avance tenues pour responsables. Cette accusation est justifiée, même si on peut y faire deux objections partielles. D'une part, les populations des pays les plus industrialisés partagent cette responsabilité, dans la mesure où elles ne se sont pas levées, dans les années 1980, pour s'opposer à la construction du système financier actuel. On peut ainsi se demander combien de ceux qui dénoncent aujourd'hui la finance prédatrice, « Macron le président des banquiers » et « la super-élite mondialiste visant la destruction de la classe moyenne », étaient impliqués dans le mouvement anti-mondialisation des années 1997-2003 qui cherchait à entraver l'action des grandes institutions financières et libre-échangistes, type OMC, Banque mondiale, FMI, Forum de Davos, etc.

Deuxième objection (moins pour contredire, que pour faire réfléchir plus avant) : les élites politico-économiques font sans doute leur possible pour éviter, ou repousser au maximum, la grande dévalorisation et ses conséquences sociales. Elles n'ont pas toujours directement intérêt à ce crash global, et ce n'est pas pour rien que le défaut de crédit général ne s'est pas produit depuis tant d'années, alors que la situation est déjà instable, voire intenable. Mais en dehors des multiples acrobaties comptables et financières mises en œuvre pour repousser l'échéance, le problème est que toute une partie des mesures d'austérité budgétaire visant à conjurer cet effondrement financier participent aussi à la liquidation de ce qui reste du fordisme. Et donc à obscurcir, voire miner l'avenir.

Y aura-t-il des emplois à Noël ?

Le problème posé par le capitalisme contemporain, du point de vue des sociétés qui en vivent de longue date, va en effet au-delà du risque d'un effondrement financier. Le problème structurel, c'est l'affaiblissement profond de sa dynamique. Ce système économique continue sans doute de générer de l'innovation technologique et de nouveaux champs de profit, il garde la capacité d'imposer à de nombreux humains une (sur)activité frénétique, et de modeler les paysages et les personnalités, mais il ne semble plus en mesure de créer assez d'emplois rémunérateurs et de faire circuler la richesse produite au bénéfice d'une majorité de gens.

Les règles des marchés du travail d'un certain nombre de pays et l'organisation (constamment modifiée) des statistiques de l'emploi empêchent de penser pleinement que nous sommes depuis plusieurs décennies dans une ère de chômage de masse. Et qu'il est impossible qu'on en sorte, étant donné le rythme de l'innovation technologique. Pour discuter de ces problèmes, mieux vaut assumer une vision normative : avoir un emploi, dans une société industrielle avancée, c'est occuper de manière régulière un poste de travail dont la rémunération donne accès à des standards de consommation qui permettent de se sentir intégré à cette société. Si l'on travaille (que ce soit de temps à autre ou énormément) mais qu'on n'a pas de quoi se payer les biens et services constitutifs du niveau de vie de son pays et son époque, alors, on n'a pas un véritable emploi. Si une partie non négligeable de la population est dans ce type de situation, ou bien cela veut dire que beaucoup de gens cherchent à vivre en dehors de la norme de travail et de consommation – à « bifurquer », à déserter, etc. –, ou bien cela masque un chômage plus important que celui des statistiques officielles, parce que l'économie ne propose pas assez de postes stables et correctement rémunérés pour l'ensemble de la population. Ou encore : cela peut correspondre à un mélange des deux tendances.

Dans la période récente, des pays comme les États-Unis et l'Allemagne sont réputés connaître de manière récurrente le plein emploi. Personne ne cache que c'est au prix d'une grande précarité de l'emploi et de possibilités de payer la main-d'œuvre à des salaires très bas. Même si le nombre important de démissions aux États-Unis a beaucoup fait parler depuis 2021, on sait que ces sociétés sont jusqu'ici moins marquées par la quête de modes de vie alternatifs que par le phénomène massif des travailleurs pauvres : des personnes qui sont régulièrement employées, mais qui, malgré leur(s) salaire(s), se retrouvent sous le seuil monétaire de pauvreté. Aux États-Unis, la crise financière et économique de 2008 avait fait passer le nombre de pauvres de 36 à 46 millions en trois ans ; par la suite, ce nombre est censé avoir diminué, mais en 2019, avant la séquence Covid, le taux de pauvreté dans la population était estimé entre 10,5 % et 13,1 %, alors que le taux de chômage affiché était de 3,5 % de la population active. Que signifie l'expression « plein emploi » quand 41,5 millions de personnes, sur une population de 330 millions, dépendent pour se nourrir du programme fédéral d'aide alimentaire[1] ?

En Allemagne, pays donné en exemple dans toute l'Europe pour sa prospérité économique et son marché du travail, le taux de pauvreté indiqué par les statistiques européennes était de 14,8 % en 2018 (contre 13,6 % en France ou 20,1 % en Italie)[2]. Des syndicalistes surnomment Berlin la « capitale de l'emploi précaire et des travailleurs pauvres », alors que c'est une ville considérée comme extrêmement dynamique par rapport à certaines régions du pays. Un économiste du syndicat des métiers de services Ver.di déclare :

> Le problème [dans notre pays], c'est qu'un travailleur sur cinq gagne moins de 10 euros par heure ; il est donc considéré comme un travailleur pauvre. C'est le résultat de la destruction des règles du marché du travail. L'Allemagne est un pays riche, il n'y a pas de doute

1. Chiffre donné par Léo Durin, dans « Comment fonctionne le programme américain d'aide alimentaire dont la FNSEA veut s'inspirer ? », *La Croix*, 8 juin 2022. Un des tableaux les plus édifiants du plein emploi paupérisateur à l'américaine est donné par l'enquête de la journaliste Barbara Ehrenreich, *L'Amérique pauvre. Comment ne pas survivre en travaillant*, Paris, Grasset, 2004.

2. « Salaires, niveaux de vie et pauvreté en Europe », Insee, 25 novembre 2021 (insee.fr).

> là-dessus. Mais l'Allemagne est aussi un pays divisé socialement. Dans ce pays riche, les travailleurs pauvres existent, des gens qui travaillent 40 ou 50 heures par semaine, mais qui ne gagnent pas leur vie en travaillant[1].

Il s'agit de salariés aussi bien de l'industrie du bâtiment que de l'hôtellerie-restauration, aussi bien de la vente au détail que des écoles publiques de musique. Que signifie l'expression « plein emploi » quand un nombre important de gens (y compris diplômés) sont en « free-lance » c'est-à-dire payés à l'heure, sans aucun financement des arrêts maladies ou des vacances ? Avec la perspective d'une retraite mensuelle de 350 euros, comme les personnes interrogées dans le reportage cité ci-dessus, qui ne seront donc pas en mesure de payer un loyer dans la métropole où elles auront travaillé ? Cette expression est dénuée de sens, en tout cas il est clair qu'elle n'a plus du tout le même que pendant les décennies d'après la Seconde Guerre mondiale. Et une bonne partie de la population le ressent parfaitement.

En France, des politiciens et des journalistes ont osé utiliser l'expression « plein emploi » pendant les campagnes électorales du printemps 2022, alors que le taux de chômage officiel était de 7,3 %[2]. C'est que les gouvernements ont l'habitude de déclarer comme chômeurs les seuls demandeurs d'emploi de catégorie A ; tandis que l'Insee et la presse citent souvent les chiffres du BIT (Bureau international du travail), dont la définition du chômage est encore plus minimaliste[3]. Quand on additionne toutes les catégories (A, B, C, D, E) de demandeurs d'emploi recensées par Pôle emploi,

1. Voir « Travailleurs pauvres en Allemagne », article du 26 juillet 2017 sur le site d'Euronews (fr.euronews.com).

2. Élisabeth Borne a déclaré le 23 mai 2022 que « le plein emploi est à portée de main ». Déclaration prise tout à fait au sérieux par la presse autorisée : voir par exemple la pseudo-contradiction apportée par Béatrice Madeline, « Le plein-emploi sera difficile à atteindre en 2022 », *Le Monde*, 25 juin 2022.

3. Pour des éclairages simples et clairs sur les catégories de demandeurs d'emploi et les différences entre statistiques de Pôle emploi et statistiques du BIT, voir Marc Landré, « La France, ce beau pays aux 6 millions de chômeurs officiels », *Le Figaro*,

en 2022, on arrive à 6,2 millions de personnes, chiffre relativement stable depuis plusieurs années – périodes de confinement mis à part. Mais je n'entrerai pas ici dans le débat sur le nombre exact de personnes sans travail en France, ni sur la signification des pénuries de main-d'œuvre dans certains secteurs. Je passerai plutôt de nouveau par les chiffres de la pauvreté et de l'aide alimentaire pour juger la situation de l'emploi dans notre pays : en 2019, environ 10 millions de personnes vivent sous le seuil de pauvreté monétaire, fixé à 60 % du niveau de vie médian de la population (actuellement autour de 1 100 euros de revenu disponible par mois)[1]. Le nombre de personnes dépendantes de l'aide alimentaire était cette même année arrivé à 5,5 millions, alors qu'il était de 2 millions en 2008. En 2020, avec ladite « crise du Covid », les volumes d'aide alimentaire distribués ont encore augmenté de 10 %, les inscriptions de personnes auprès des associations distributrices ont augmenté de 7 % et le nombre de bénéficiaires était estimé prudemment par le Secours catholique « entre 5 et 7 millions[2] ».

Ces chiffres-là indiquent de manière très nette que nous ne sommes nullement au plein emploi au sens des Trente Glorieuses. Nous sommes à un stade du développement industriel où une partie non négligeable de la population des pays riches est devenue inutile au système de production. Tout un ensemble d'éléments indiquent que cette évolution va se poursuivre, que le nombre d'inutiles au monde va continuer d'augmenter sous nos latitudes. Et un bref coup d'œil au niveau mondial indique que cette tendance est universelle : il n'y a pas de déplacement des emplois productifs du Nord vers le Sud, il y a partout trop de monde pour que chacun prétende à un travail rentable, du point de vue du capital. Il est de plus en plus difficile, même dans des pays « sous-développés » de vivre en dehors du système marchand et industriel, qui assiège et attire les populations

---

1er septembre 2014 ; et Daniel Rosenweg, « 2,8 millions ou 6,2 millions de chômeurs ? », *Le Parisien*, 17 février 2017.

1. « L'essentiel sur la pauvreté », Insee, 10 novembre 2021 (insee.fr).

2. Voir l'« Etat de la pauvreté en France 2021 », publié par le Secours catholique le 15 novembre 2021 (secours-catholique.org).

à lui, et simultanément, il est de plus en plus difficile d'en vivre correctement, de bénéficier en grand nombre de ses « avantages ».

Je ne soutiens pas ici la thèse d'une hypothétique « fin du travail » sous l'effet d'une improbable « automatisation totale[1] ». Le mode de production industriel montre depuis des décennies que sa tendance à automatiser certains segments n'aboutit pas à une suppression complète du travail humain, loin de là. Par contre, il devrait être évident que le développement technologique effréné détruit des emplois qui ne sont pas toujours compensés par la création d'autres emplois dans de nouveaux secteurs économiques ou de nouveaux métiers. La thèse classique de la compensation (les emplois détruits par les innovations technologiques sont tôt ou tard remplacés par de nouveaux emplois générés par le développement) est intenable quand on observe la situation sociale des pays riches aussi bien que des pays moins riches. Il faut être un économiste de gauche aveuglé par l'amour de la machine (c'est-à-dire du capital), tel Antonio Casilli ou Juan Sebastián Carbonell, pour continuer à soutenir cette thèse dans une optique de justice sociale[2].

Prenons des secteurs capitalistes en expansion, qui promettent des profits dans les années à venir et sont donc susceptibles d'avoir besoin de main-d'œuvre : la chimie-pharmacie, les hautes technologies, le commerce en ligne, peut-être les énergies renouvelables. Peut-on s'attendre à ce qu'au moins certains d'entre eux créent massivement des emplois correctement rémunérés, avec un statut protecteur, etc. ? Commençons par la chimie-pharmacie. Les industries chimiques sont le prototype des industries dites « de *process* », largement automatisées ; il y aura toujours du travail pour surveiller les flux de produits et les réactions entre eux, pour réparer les machines qui tombent en panne, pour nettoyer les usines, etc. ; il y aura bien

1. Telle qu'avait pu la soutenir Jeremy Rifkin dans son essai *La Fin du travail*, Paris, La Découverte, 1996.

2. Voir Antonio Casilli, *En attendant les robots. Enquête sur le travail du clic*, Paris, Le Seuil, 2018 ; et Juan Sebastián Carbonell, *Le Futur du travail*, Paris, Amsterdam, 2022 (et son interview dans *Le Monde* du 23 mars 2022 : « Les emplois ouvriers ne disparaissent pas, ils se transforment »).

sûr toujours du travail commercial pour promouvoir les molécules inventées et fabriquées. Mais la chimie-pharmacie a peu de chances de devenir un secteur « fordiste », qui embauche beaucoup dans des usines ou des bureaux, et qui tire l'investissement et l'emploi d'autres secteurs, que ce soit en Europe, en Inde ou ailleurs.

Pour ce qui est des énergies renouvelables, il n'y a pas de raison que ce secteur crée plus d'emplois stables que le BTP en général. La couverture des territoires européens et américains par des éoliennes et des panneaux solaires s'inscrit dans la dynamique générale de bétonisation-artificialisation des sols déjà bien entamée. Or, cette dynamique d'artificialisation a beau être extraordinairement intense (routes, autoroutes, aéroports, centres commerciaux, entrepôts et zones industrielles…) et nuisible pour les milieux naturels, elle ne suffit pas du tout à éponger le chômage de masse. Depuis plus de trente ans, le BTP est précisément un paradis de l'emploi précaire, de l'intérim et de la sous-traitance en cascade, qui produit des travailleurs pauvres en quantité importante. Les énergies renouvelables n'échappent pas à cette tendance pour l'instant. Ce qui pourrait éventuellement y créer de nouveaux emplois, ce serait la multiplication de projets miniers dans les vieux pays industrialisés, pour que ceux-ci puisent dans leurs propres sous-sols les précieux métaux de la « transition énergétique et numérique ». Par exemple, plusieurs mines ont été ouvertes en Espagne ces dernières années pour extraire du cuivre et du lithium ; des projets sont évoqués en France, notamment dans l'Allier. Mais ces emplois échapperont-ils à la précarité en vigueur dans le BTP à notre époque ? Et trouveront-ils preneurs parmi la population installée dans les pays du Nord ? Difficile d'en être sûr à l'avance.

Passons maintenant au secteur de la *tech*. Celui-ci emploie des masses importantes d'ouvriers dans des usines asiatiques, dans des conditions de travail terribles, et nul doute qu'il va continuer à le faire[1]. Mais dans les vieux pays industrialisés, ce secteur ne

1. Voir Jenny Chan, Xu Lizhi & Yang, *La machine est ton seigneur et ton maître*, Marseille, Agone, 2022.

va pas donner lieu à des créations d'emploi en masse, dans toutes les catégories sociales. La multiplication de start-up proposant de nouvelles applications pour smartphone va se poursuivre, et sans doute génère-t-elle de l'activité économique. Cependant, peut-elle créer des emplois de manière durable en dehors des métiers « créatifs », en dehors de la couche socioprofessionnelle assez mince des « manipulateurs de symboles » ? Très probablement non. Et ce ne sont pas les projets de souveraineté numérique portés par Thierry Breton à la Commission européenne qui changeront la donne de ce point de vue : même si des usines se multipliaient d'ici 2030 en Europe, qui produisent les semi-conducteurs indispensables à la numérisation générale voulue par ces acteurs, elles n'emploieront jamais des centaines de milliers d'ouvriers à travers le continent, comme le faisaient autrefois le secteur automobile, la sidérurgie, le textile, etc. Ce sont, là encore, des procédés largement automatisés qui permettent de produire les puces de plus en plus miniaturisées, qui facilitent à leur tour l'automatisation (certes, toujours partielle) de pans entiers de l'appareil de production[1].

Intéressons-nous tout de même à deux secteurs créateurs d'emplois en lien avec le développement du numérique : la logistique et le déploiement de la fibre optique. Il est éclairant de comparer l'organisation du travail et la gestion de la main-d'œuvre, pour le déploiement en France de l'Internet très haut débit, avec ce qu'elles étaient lors d'autres grands projets d'infrastructure du passé. Dans les années 1960-1970, les projets comparables de la puissance publique étaient menés par des entreprises nationalisées, très bureaucratiques mais qui embauchaient durablement une grande partie des ouvriers, ne serait-ce que parce qu'elles se souciaient quelque peu de la maintenance de ce qui était construit. Rien de tel pour le déploiement de la fibre optique, qui s'opère vingt ans après l'ouverture du marché des télécommunications à la concurrence. Un journal détenu en

1. Voir l'article de Cécile Boutelet, « Le printemps de la puce électronique », dans *Le Monde* du 10 mars 2021, qui évoque des usines allemandes ou grenobloises de semi-conducteurs largement automatisées (« entièrement », dans le cas de celle ouverte par Bosch à Dresde), conformément à ce que suggère la photo glaçante au-dessus du texte.

partie par le PDG d'un opérateur téléphonique n'hésite pas à parler de « Far West des télécoms » à propos des dysfonctionnements du projet :

> Mauvaise communication entre opérateurs d'infrastructures, à qui appartient le réseau, et opérateurs commerciaux, ceux qui raccordent les foyers ; excès de sous-traitance, parfois jusqu'à huit rangs, selon un opérateur ; service après-vente débordé ; techniciens mal, voire pas du tout formés… Bref, beaucoup trop de défauts cumulés pour pouvoir répondre correctement à la vague de demandes de raccordements au très haut débit […]. Cette organisation en cascade dilue la responsabilité. Et n'incite pas à prendre soin des équipements. Les maires ne comptent plus les serrures d'armoires de rue fracturées, les câbles sectionnés, les actes de malveillance. Un opérateur dit avoir vu « des sous-traitants qui coupent par vengeance, car ils n'ont pas été payés par le donneur d'ordre »[1].

On retrouve la même précarité, la même gestion de l'emploi « au plus juste » dans le secteur de la logistique, dont le développement est pourtant appelé à durer. Avec l'informatisation de la distribution des marchandises et le développement du « commerce en ligne », entrepôts et autres plateformes ne cessent de se multiplier le long des grands axes de communication, et ce secteur compte désormais quatre fois plus d'emplois que la filière automobile, en France.

> Malgré l'automatisation et la numérisation, le métier reste très gourmand en main-d'œuvre : pour déplacer, charger, décharger palettes de marchandise et colis, il faut 70 à 200 personnes pour un hectare bâti. « Ces bâtiments sont des fourmilières », reconnaît Diana Diziain, directrice déléguée de l'Afilog. À tel point que le secteur devrait créer 150 000 emplois supplémentaires dans les années à venir. [Mais] un tour en ville en dit long sur la nature des

1. Olivier Pinaud, « La fibre optique, le Far West des télécoms », *Le Monde*, 4 mai 2022.

> emplois concernés : Louviers, 15 000 habitants, compte au moins une quinzaine d'agences d'intérim, qui se livrent une concurrence féroce pour recruter caristes et préparateurs de commandes, en multipliant les CDI intérimaires.
>
> […] Deux sociologues, Carlotta Benvegnù et David Gaborieau, se sont penchés sur ce nouveau prolétariat, celui de l'entrepôt, caractérisé par une forte concentration de postes peu qualifiés, des perspectives d'évolution limitées et de faibles rémunérations. […] « Le taux de précarité, qui représente de 30 à 40 % des emplois de la logistique au niveau national, est l'un des plus importants, tous secteurs confondus », ajoute Khalil Ezzarhouni, délégué CGT chez GXO-Logistics, dans le Centre[1].

Dans son essai *En attendant les robots*, le chercheur franco-italien Antonio Casilli présente pourtant le secteur du commerce en ligne et les tâches informatiques (plus ou moins invisibilisées) nécessaires au fonctionnement des moteurs de recherche, des réseaux sociaux, des sites et autres applications Internet, comme une mine d'emplois futurs. Sa description du travail de ceux qu'il appelle « les tâcherons du Web » est effectivement édifiante, en quantité comme en diversité : « modération » des contenus mis en ligne sur YouTube ou des messages envoyés sur Twitter ; transcription des conversations captées par l'assistant vocal Alexa chez ses propriétaires ; analyse ou comptage d'éléments dans des publicités ou des images de vidéosurveillance ; annotation « à la main » des données et images captées par une voiture « autonome »… Mais comment imaginer que ces travaux faits gratuitement, ou payés à la tâche, deviennent des emplois intégrateurs, porteurs de protection sociale ? L'économie de la *tech* peut-elle rester rentable en rémunérant correctement ce travail jusqu'ici sous-payé, ou non payé ? Je pense que non. Casilli, lui, considère que c'est possible, que ce n'est qu'une question de rapports de force : il « suffirait » d'un mouvement social organisé

1. Béatrice Madeline, « Logistique : nouveaux paysages, nouvelles précarités », *Le Monde*, 3 février 2022.

pour imposer aux géants du Web la transformation de ces tâches de tâcherons en emplois soumis au Code du travail et à d'honorables conventions collectives.

D'un côté, Casilli a raison de rappeler que l'état du marché du travail est aussi le résultat des luttes sociales. Comme le disait Castoriadis, selon que ces luttes existent ou pas, selon qu'elles sont suffisamment nombreuses et organisées pour créer des rapports de force favorables aux salariés ou pas, le capitalisme n'est pas le même « animal social-historique[1] ». Mais précisément, au-delà du problème de la rentabilité objective de tel travail ou de tel tâcheron, un des traits fondamentaux de la formation social-historique dans laquelle nous vivons, en ce début des années 2020, est l'emballement technologique. La totalité de la société, de ses pratiques et de son imaginaire, est traversée par cet emballement, auquel contribuent aussi bien les décideurs que la grande masse des citoyens-consommateurs ordinaires. Or, quoi qu'on veuille, le déferlement technologique promeut partout où il passe l'individualisme marchand et tend à dissoudre les formes de solidarités collectives, des plus anciennes (entraide familiale, de voisinage, de quartier...) aux plus récentes (Sécurité sociale, État-providence, services publics). C'est pourquoi je suis convaincu qu'un compromis social-démocrate autour de ce déferlement, tel que l'envisage Casilli, n'est pas possible : les emplois créés dans le secteur de la *tech* ne viendront pas compenser tous ceux que la *tech* supprime, dans la fabrication des biens matériels, dans les services publics, dans le secteur de la culture, ou encore de l'agriculture.

Attardons-nous un instant sur le secteur agricole et alimentaire, justement. On voit bien que c'est un domaine où il y aurait matière à créer des millions d'emplois à l'échelle de la France – des dizaines de millions à travers le monde. Cela viendrait répondre aux aspirations, certes confuses et en partie contradictoires, qui s'expriment dans la société à propos de la qualité de l'alimentation,

1. Voir Cornelius Castoriadis, « L'époque du conformisme généralisé », texte de 1989, disponible dans *Le Monde morcelé. Les Carrefours du labyrinthe III*, Paris, Le Seuil, 2000.

de la destruction des milieux de vie par l'agriculture intensive, du (manque de) sens du travail dans l'industrie, les services et la *tech*. Or, quel est le projet des élites économiques et des bureaucraties qui président au destin des paysanneries du Nord et du Sud, pour les décennies à venir ? C'est l'agriculture robotique, l'agriculture « de précision », dite aussi « 4.0 ». Non pas avec plus d'humains, mais avec des drones, des robots pour désherber ou arroser les champs « juste ce qu'il faut » de pesticides, des tracteurs guidés par satellite, des troupeaux d'animaux gérés par des « applis » de smartphone. De quoi finir de saigner les agricultures de certains pays du Sud, où une partie importante de la population vit encore du travail de la terre (en argent ou en nature). De quoi achever l'irrésistible décroissance du nombre d'actifs agricoles dans les pays du Nord, qui a accompagné la croissance économique et la modernisation des sociétés depuis quatre-vingts ans. Rappelons qu'il y avait en France encore 36 % de la population active dans l'agriculture en 1946 (soit 7,4 millions de personnes, indépendantes ou salariées) ; en 1954, avec l'accélération de la mécanisation, cette proportion tomba en dessous de 25 %, et à 15 % en 1968, ; en 1993, le nombre d'exploitants agricoles était tombé sous le million, ne pesant plus que 3,5 % de la population active ; il était de 638 000 en l'an 2000 (2,6 %) et de 400 000 en 2019 (1,5 %). Avec la priorité donnée par Emmanuel Macron « au numérique, à la robotique et à la génétique » pour dessiner l'agriculture de 2030, ce chiffre pourrait descendre à 1 %[1].

Notons que si beaucoup d'économistes, et à leur suite des citoyens ordinaires, ont du mal à percevoir le rôle moteur de la technologie dans la précarisation et l'appauvrissement de nos sociétés, ceux qui la dirigent ont souvent les idées très claires sur la question. On se souvient du bon mot de Zbigniew Brzezinski en 1995 sur le recours au *tittytainment* (contraction de « *titty* », sein en argot américain, et d'« *entertainment* », divertissement) pour *tenir* les 80 % de

1. Dans son discours du 12 octobre 2021, le président de la République a déclaré : « Pour réussir cette nouvelle révolution de l'alimentation saine, durable et traçable, [...] nous devons investir dans trois révolutions [...] : le numérique, la robotique, la génétique. Ce sont les trois transformations essentielles. »

la population qu'il s'attendait à voir éliminés du monde du travail par la technologie.

Dans un registre plus inquiet, on peut citer le président Macron répondant à Klaus Schwab lors d'une conversation par Internet dans le cadre du Forum virtuel de Davos, en janvier 2021. Schwab demandait à Macron quel serait selon lui l'impact de la quatrième révolution industrielle et de son puissant « écosystème numérique » sur les sociétés développées. Je me permets de citer longuement la réponse du président de la République, parce que le fond en est aussi frappant que la forme en est savoureuse :

> Je pense qu'il y en a plusieurs. Le premier, c'est que nous sommes en effet en train de multiplier les révolutions, quand on parle de numérique. Il y a plusieurs révolutions en une. Nous sommes au début de plusieurs révolutions technologiques qui nous font complètement changer de dimension. On a la révolution de l'intelligence artificielle, qui va totalement changer la productivité et même aller au-delà du pensable dans énormément de verticaux (sic), de l'industrie à la santé en passant à l'espace. À côté de la révolution de l'intelligence artificielle, il y en a une deuxième qui, pour moi, est totalement fondamentale, qui est celle du quantique, qui va, là aussi, par la puissance de calcul et la capacité d'innovation, profondément changer notre industrie, en changeant l'industrie des capteurs et donc ce qu'on peut faire dans l'aéronautique, ce qu'on peut faire dans le civil, changer totalement la réalité du cyber, par exemple ; et notre puissance de calcul, ce qui veut dire aussi la capacité qu'on a à résoudre des problèmes.
>
> [...] Le mariage de tout ça fait que nous allons rentrer dans une ère d'accélération de l'innovation, de rupture très profonde d'innovation et donc de capacités à commoditiser (sic) certaines industries et créer de la valeur très vite. Par rapport à ce que j'ai dit, qu'est-ce que cela a comme impact ? Un, on va continuer à innover et à accélérer. C'est sûr. Deux, il y aura des impacts en termes d'ajustements sociaux et il nous faut les penser dès maintenant. C'est-à-dire que le sujet des inégalités sociales va être encore plus

> prégnant dans un monde comme celui que je viens d'évoquer parce que nous aurons des impacts, des ajustements qui seront réels et qui sont à penser dès maintenant. Trois, tout cela a des impacts en termes démocratiques qui sont massifs. Et donc, si vous voulez, pour moi, ces innovations vont être des accélérateurs de nos problèmes sur le plan social et démocratique. L'expérience américaine des dernières semaines [il fait allusion à l'invasion du Capitole, trois semaines plus tôt] l'a montré sur le plan démocratique, si besoin était. Quatre, la bonne nouvelle, c'est que je pense que sur la résilience de nos systèmes et la réponse à la crise climatique, on a sans doute sous-estimé l'apport de l'innovation et je pense aussi que toutes ces technologies vont nous permettre, beaucoup plus vite, de répondre aux défis climatiques.
>
> Et donc, si je regarde, que je prends deux pas de recul par rapport à tout ce qu'on est en train de se dire, je pense que nos économies vont devoir de plus en plus investir dans ces innovations et il faut y aller à fond. Je pense que si on s'y prend bien et qu'on coopère entre nous, ces innovations vont nous permettre de créer de la valeur, de répondre aux défis économiques. Elles vont nous permettre, je l'espère, je le crois possible, de répondre au plus vite aux défis climatiques. […] Mais elles vont nous poser des problèmes sur lesquels nous n'avons pas assez réfléchi en termes démocratiques, en termes de libertés publiques et d'augmentation des inégalités sociales dans nos différentes nations[1].

Bien sûr, la pauvreté du langage et la circularité de la pensée relativisent la portée de cette citation – ce qui n'empêche pas Klaus Schwab de s'exclamer en retour : « Monsieur le président, c'était vraiment une vision intégrale de notre avenir ! » Mais si l'on s'efforce d'écarter les scories, tautologies et euphémismes de ce morceau de bravoure, le diagnostic macronien est le suivant : l'emballement technologique en cours va laisser une partie importante des

1. Citation tirée du site de l'Élysée, visité en février 2021, où était retranscrite de cette façon l'intervention orale du président, le 26 janvier précédent.

populations sur le carreau, sans emploi et sans statut, et cela risque d'entraîner des explosions sociales, une remise en cause de l'adhésion de nombreux citoyens au régime représentatif tel qu'il existe de longue date en Occident. Ce diagnostic est tout à fait sensé et traduit le fait que l'appauvrissement de pans entiers de la société est une hypothèse prise très au sérieux par les élites dirigeantes. Il vient conforter la conviction de nombreux citoyens, aujourd'hui, que cet appauvrissement est en quelque sorte préparé par les élites en question.

Conviction insupportable et typique de l'esprit complotiste, aux yeux d'un éditorialiste de France Inter ou d'un « debunker » de fausses nouvelles du *Monde*, mais qui est pourtant accréditée par « la voix de leur maître », pour peu qu'on prenne le temps de l'écouter attentivement, au-delà de la communication lénifiante sur « le retour du plein emploi ».

Le grand mensonge de la transition

À la perspective d'un effondrement économique plus ou moins prononcé, et aux légitimes questions sur la manière dont les couches dirigeantes l'anticipent, s'ajoutent la perspective des effondrements écologiques et les questions non moins légitimes qu'elle suscite. Les problèmes se posent ici de manière différente : la catastrophe écologique globale, après avoir été démentie ou éludée par les pouvoirs officiels pendant plusieurs décennies (de 1970 à 2005), est désormais largement admise. Elle n'est pas, comme le chômage technologique de masse dans le dialogue entre Schwab et Macron rapporté ci-dessus, évoquée à mots couverts ; elle est au contraire serinée du matin au soir dans les médias et les discours institutionnels, mise en scène avec effets de manche et trémolos, prétexte à mille initiatives bureaucratiques qui repeignent en vert entreprises et agences d'État.

Cela fait déjà une quinzaine d'années que c'est le cas et rien de significatif ne change, la situation ne fait que s'aggraver. Donald

Trump et Jair Bolsonaro sont cloués au pilori par les médias légitimes, parce qu'ils choisissent de prolonger la stratégie qui fut celle des industries pétrolières pendant plusieurs décennies : freiner l'établissement d'un consensus sur l'existence du réchauffement climatique, nier la responsabilité des activités industrielles émettrices de gaz à effet de serre dans ce processus[1]. Mais n'est-il pas au moins aussi choquant de voir tant d'autres responsables politiques et journalistes consensuels tirer constamment la sonnette d'alarme, tout en faisant barrage à la réorientation de nos sociétés vers des modes de production et de vie plus simples ? Le degré de dissonance entre ce qui est su et ce qui est fait est tel qu'il ne peut qu'alimenter la défiance et la paranoïa vis-à-vis des élites.

L'épisode du Covid a ainsi mis en lumière un certain nombre de croyances et de peurs, selon lesquelles les élites dirigeantes auraient pour projet de faire diminuer drastiquement la population mondiale. L'ambiance angoissante de l'épidémie et de sa gestion catastrophiste a porté à ébullition, dans le chaudron d'Internet, l'hypothèse que la technocratie internationale envisagerait sérieusement une dépopulation de la planète, pour conjurer les pénuries de ressources à venir (en eau, en nourriture, en hydrocarbures et métaux, etc.). Les propos de Bill Gates ou de Klaus Schwab, les projets de l'ONU ou du G7 sont scrutés par nombre d'analystes suspicieux pour y déceler une phrase, une mesure, qui traduise cette intention génocidaire[2]. C'est sur cet arrière-fond apocalyptique que prend forme, par exemple, l'idée que les vaccins (biotechnologiques ou autres) visent intentionnellement à décimer la population. Des personnes qui souhaitent alerter, à juste titre, sur la proportion inquiétante d'effets secondaires des vaccins contre le Covid se mettent à évoquer, sur Internet ou sur des affiches collées dans les rues, « un génocide contre les enfants » – ce qui est encore

1. Voir Romain Felli, *La Grande Adaptation, op. cit.*

2. Cela donne des articles comme « Agenda 21 : dépopulation de 95 % du monde d'ici 2030 ! » ; <astucesnaturelles.net> ; « Le plan de dépopulation mondiale est lancé », <zonefr.com>, « Agenda 21 : un plan pour une dictature fasciste mondiale », <lumieresurgaia.com>...

plus délirant que les discours médicaux officiels faisant du Covid une nouvelle peste en train de décimer la population.

On en est là. Régulièrement, la presse « comme il faut » publie des démentis : « Mais non, les grandes institutions mettant en œuvre la mondialisation néolibérale ne suivent pas un agenda de dépopulation. » Pourtant, l'idée travaille la « complosphère » et elle interpelle plus largement. Au fil des difficultés agricoles ou des calamités météorologiques qui s'accumulent à travers le monde, elle flotte étrangement dans l'air du temps. Aussi délirante puisse-t-elle paraître, aussi mensongère soit-elle dans tel ou tel cas précis, elle a pour elle *la logique de la situation* : si les alarmes du Giec ou des rapports scientifiques sur la biodiversité sont fondées, si les chocs à venir sont si conséquents (en termes d'intempéries, de pénuries, de difficultés d'approvisionnement…), comment ne pas imaginer qu'au moins une partie des élites dirigeantes ne soient pas en train de préparer ces chocs ? Et comment ne pas craindre que les stratégies de survie auxquelles elles réfléchissent ne soient pas – si l'on me passe l'expression – complètement inclusives ? Si parmi ces bonnes gens, assez insensibles et insensés pour vouloir défendre jusqu'au bout le système de prédation-destruction qu'on appelle capitalisme industriel, personne ne songe au fait qu'il ne sera bientôt plus possible de le maintenir pour tout le monde et avec tout le monde (8 à 9 milliards d'humains), c'est qu'ils sont encore plus idiots que cruels. C'est possible, mais quant à en être certain…

Ce qui rend la paranoïa légitime, sur ce chapitre – à tout le moins, ce qui la relie au domaine du sensé –, c'est le fait que les grands dirigeants économiques et politiques ont décidé de manière claire que le développement industriel ne devait en aucun cas être remis en cause par la catastrophe écologique. La notion de transition écologique ne signifie pas du tout qu'ils envisagent ne serait-ce qu'un infléchissement du mode de production industriel, c'est d'un redéploiement et d'une modernisation qu'il s'agit. Le projet de transition n'amènera pas un arrêt, ni même un freinage de la destruction dramatique de nos milieux de vie, il pourrait plutôt en être un accélérateur.

Ce que j'affirme là est si contraire aux représentations courantes, forgées par un matraquage médiatique et idéologique inouï, qu'il faut m'y arrêter un moment. Qu'est-ce que la « transition écologique », et pourquoi puis-je me permettre d'affirmer qu'elle est un mensonge grossier, un travestissement scandaleux de la poursuite de notre trajectoire vers la destruction ? La transition se prétend une inflexion du mode de production industriel dans le sens d'une plus grande rationalité. Grâce à de nouvelles méthodes de production, grâce notamment à une réorientation de la production d'énergie vers l'électricité, on pourrait avoir un niveau de confort intact, voire supérieur, avec moins de pollution, moins de gaspillage et moins d'émissions de dioxyde de carbone.

Le premier tort de ce pseudo-concept, c'est qu'il réduit le désastre écologique à une seule de ses dimensions : le réchauffement de l'atmosphère sous l'effet de l'accumulation de gaz à effet de serre, provoquée par la combustion de charbon et de pétrole (notamment) depuis les débuts de la révolution industrielle. Or, le désastre que le mode de production industriel (et les habitudes de consommation qu'il a permises) a engendré est multidimensionnel. Il est évident que le réchauffement du climat en est un aspect fondamental, mais la pollution des sols, des cours d'eau, des nappes phréatiques, la disparition de nombreuses espèces végétales et animales, ne sont pas moins négligeables et elles ne sont pas dues qu'à l'extraction et à la combustion d'hydrocarbures. Ces évolutions sont le résultat de l'ensemble des activités industrielles et consuméristes, et pratiquement chacune d'elles constitue à elle seule une menace pour la survie des sociétés humaines à moyen terme[1].

Le problème est que la prétendue transition ne peut que poursuivre cette dévastation des milieux, des espèces et des sociétés. En effet, son objectif est très concrètement de transférer sur les métaux de la croûte terrestre la demande de puissance qui reposait, depuis

1. Je ne reviens pas ici sur ce que ce mode de production a fait de l'être humain, cette dimension étant largement abordée dans les chapitres I, IV et V. Mais il faut toujours penser ensemble la dégradation infligée au milieu naturel et la dégradation infligée à notre condition humaine, à nos esprits et nos relations.

1800, sur les énergies fossiles. Les technologies promues par les ingénieurs et les dirigeants dans le cadre de la transition – le photovoltaïque, les éoliennes, le numérique et les réseaux « intelligents », les véhicules électriques et peut-être automatiques… – reposent sur une extraction accrue de métaux tels que le cuivre, l'argent, l'aluminium, le nickel, les terres rares, le lithium. Il est urgent de prendre conscience que le boom minier que cela entraîne déjà depuis plusieurs années signifie des prédations et des destructions qui n'ont rien à envier à la sinistre industrie des hydrocarbures. Même la Banque mondiale le dit à sa façon :

> Les technologies qui pourraient permettre le passage à une énergie propre (sic) s'avèrent en réalité *plus* intensives en matériaux dans leur composition que les systèmes actuels fondés sur les énergies fossiles. […] un avenir fondé sur les technologies vertes (sic) exige beaucoup de matières premières qui, si elles ne sont pas correctement gérées, pourraient empêcher les pays producteurs d'atteindre leurs objectifs en matière de climat et de développement durable[1].

Pour se faire une idée de ce que pourrait être une « gestion incorrecte » des matières premières dans les temps à venir, on peut lire les analyses géopolitiques globales, peu réjouissantes, de Jean-Michel Valantin sur la ruée vers les ressources des grandes puissances, à commencer par la Chine et les États-Unis[2]. Mais on peut aussi écouter ces voix qui viennent du bas, de communautés humaines vivantes, touchées de plein fouet par les projets miniers visant à intensifier l'extraction de lithium nécessaire à la production en masse des batteries de voitures électriques, d'ordinateurs ou de smartphones :

1. Daniele La Porta *et al.*, « The Growing Role of Minerals and Metals for a Low-Carbon Future », Banque mondiale et Extractives Global Programmatic Support, juin 2017, p. 58.
2. Voir Jean-Michel Valantin, *L'Aigle, le dragon et la crise planétaire*, Paris, Le Seuil, 2020.

> Comment justifier de détruire des territoires comme le bassin des Salinas Grandes et la lagune de Guayatayoc [au nord de l'Argentine], occupés par quelques 7000 habitants, 33 communautés autochtones et ethniques, et tout un mode de vie fondé sur la coresponsabilité et la démocratie directe ? Comment donc justifier cette destruction au nom de la lutte contre la pollution de l'air dans des villes, une contamination à laquelle ces communautés n'ont pris aucune part ?
>
> Au lieu de remettre en question un mode de développement responsable de nombreuses crises contemporaines et de désastres annoncés qui augmentent à vue d'œil, tous les moyens sont bons pour maintenir le mode de vie des États-Unis et de l'Europe qui, s'il était généralisé, nécessiterait trois à cinq planètes. L'extraction de lithium dans les *salars* est une catastrophe écologique, et non un simple désagrément qu'on pourrait compenser par des dons aux communautés[1].

Sur ces hauts plateaux des Andes, à plus de 3 000 mètres d'altitude, une entreprise canadienne s'apprête à exploiter près de 180 000 hectares de lagunes et de *salars*, ces lacs de sel asséchés dont on peut extraire du lithium. Cela implique des prélèvements en eau considérables, eau soustraite aux végétaux, aux animaux et aux habitants humains de la région : sur un site semblable, le *salar* d'Atacama, au Chili, les miniers prélèvent près de 200 millions de litres par jour dans les nappes phréatiques tout autour. Le pompage de la saumure du sous-sol, riche en lithium, crée un vide qui fait migrer vers les profondeurs l'eau douce disponible. À quoi s'ajoutent les traitements au chlore et la dispersion dans les eaux des déchets de pompage mêlés à des solvants.

1. La première citation est de Roger Moreau, ancien militant du Larzac, installé depuis plusieurs décennies près des endroits dont il parle. La seconde est un extrait de la déclaration de l'Assemblée des communautés autochtones du peuple qolla de Salinas. Elles sont toutes deux tirées de l'article de Celia Izoard « La voiture électrique cause une énorme pollution minière », *Reporterre*, 2 septembre 2020 (reporterre.net), comme les informations qui suivent.

Celia Izoard a enquêté au Maroc et en Guyane sur le boom minier lié à la transition et sur ses conséquences. À Imider, au Maroc, elle a constaté les mêmes types de dégâts liés à l'extraction d'argent, métal présent dans la plupart des appareils électroniques qui nous entourent et essentiel aux panneaux photovoltaïques : appropriation des ressources en eau, dont les habitants se voient privés par la mine ; pollution au mercure, au plomb, au cadmium, à l'antimoine et à l'arsenic, présents dans le gisement d'argent, qui se retrouvent ensuite dans les immenses bassins de résidus… et qui débordent dans les cours d'eau avoisinants lors des pluies abondantes de l'automne. De graves problèmes de santé sont apparus chez les habitants du village (cancers, maladies respiratoires, maladies de peau…), et en plus, comme le dit un jeune habitant : « La mine a bouleversé et déstructuré notre société. Notre structure sociale est entièrement fondée sur le partage de l'eau. Nous sommes liés les uns aux autres par notre terre et par notre eau. » Ce qui est sans doute à l'origine des résistances remarquables opposées aux compagnies minières[1].

En Guyane, c'est la quête effrénée de l'or qui, depuis de longues décennies déjà, dégrade le milieu, la santé des humains et les rapports sociaux. Celia Izoard y décrit la déforestation, les montagnes de roches extraites simplement pour accéder aux zones plus concentrées en minerais et qui restent à proximité des fosses minières, la pollution ordinaire des sols et de l'eau, les ruptures de digues qui laissent parfois s'échapper le contenu des bassins de résidus, à savoir les boues du traitement de la roche nécessaire pour en extraire ce que l'on souhaite[2]… En lisant ses écrits, ainsi que ceux du groupe d'ingénieurs critiques SystExt, on aboutit à la conclusion que l'industrie minière est une des plus polluantes, sinon la plus polluante au monde, et sans doute une des plus dévastatrices pour la

1. Celia Izoard, « À Imider, au Maroc, la plus grande mine d'argent d'Afrique assoiffe les habitants », *Mediapart*, 16 septembre 2019 (mediapart.fr).

2. Voir Celia Izoard, « Les bas-fonds du capital. L'éternel retour de l'Eldorado », *Z*, n° 12, septembre 2018.

biodiversité. En prime, elle carbure au pétrole : ses émissions de gaz à effet de serre sont considérables[1].

Non seulement, donc, la « transition » repose sur une course aux métaux dévastatrice pour tous les aspects de la catastrophe écologique qui ne sont pas réductibles au réchauffement climatique (pollution des eaux et des sols, recul des terres cultivables et des espaces encore sauvages, extinction en masse des espèces…), mais l'objectif même de la « décarbonation » des activités industrielles, pour limiter la hausse des températures, pourrait ne pas être atteint du fait du boom minier qu'elle implique. Prenons l'un des projets phares de la transition en cours : le passage au tout-électrique pour les véhicules roulants. Les véhicules électriques émettent-ils réellement moins de CO_2 que ceux qui roulent au pétrole ?

> [Entre les dizaines d'études réalisées sur ce sujet par des instituts de recherche divers au cours des années 2010], un point fait consensus : produire un véhicule électrique demande beaucoup plus d'énergie, et émet deux fois plus de gaz à effet de serre que de produire un véhicule thermique, du fait de la production de sa batterie et de sa motorisation. […] [Par exemple], une récente étude allemande analyse le cycle de vie d'une Caddy Volkswagen électrifiée en laboratoire, et le compare méthodiquement aux émissions induites par le même modèle à essence. Conclusion : la Volkswagen électrique émet moins d'équivalent CO_2 qu'une thermique, mais pas si sa batterie est produite en Chine [ce qui est jusqu'ici le plus fréquent]. Si elle est produite en Europe, elle ne rivalise avec la voiture à essence qu'à partir de 137 000 à 207 000 km – en espérant qu'elle dure jusque-là sans qu'il faille renouveler la batterie ! Les résultats sont plus encourageants si elle est principalement produite et alimentée avec de l'électricité d'origine renouvelable ; et plus encore si l'on prend en compte les économies d'énergie réalisées en réutilisant ensuite la batterie après sa fin de « vie automobile » ([si] elle n'a perdu que

1. Entretien avec SystExt, « L'industrie minière crée des phénomènes qu'elle ne sait pas maîtriser », *Z*, n° 12, septembre 2018.

70 % de sa capacité) pour stocker de l'électricité en stationnaire, par exemple au bas d'un immeuble. En revanche, sa production est nettement plus polluante : intoxication et eutrophisation des réserves d'eau douce, artificialisation et perte de biodiversité, toxicité pour les humains, pollution radioactive, occupation des terres agricoles… Ces chercheurs constatent que « l'omission des conséquences liées à la production de l'électronique est quasi systématique » dans la plupart des études publiées à ce jour et que très peu d'entre elles prennent en compte les autres formes de pollution, en dehors des émissions de gaz à effet de serre[1].

Électrifier, numériser, saccager

En fait, dès que l'on creuse un peu, même auprès d'un certain nombre d'institutions (type Ademe[2]) qui en sont parties prenantes, on s'aperçoit que le pari de la transition énergétique pose de nombreux problèmes. Il repose sur des hypothèses optimistes, voire irréelles : il y aura toujours assez de métaux ; nous allons devenir de plus en plus efficaces et « écolos » pour les extraire ; les recherches permettront d'inventer des batteries et des outils numériques de plus en plus durables ; on arrivera à faire sans les métaux les plus problématiques, sur le plan géopolitique ou écologique, etc. Cet optimisme est caractéristique de l'idéologie progressiste, qui part du principe que, grâce au génie de la science et aux progrès incessants des technologies, aucun problème ne restera insoluble.

Comment, au point où nous sommes rendus, écarter l'hypothèse qu'il y a, derrière cet optimisme d'ingénieurs et de technocrates, autre chose que de la foi et de l'aveuglement ? Cette tournure d'esprit a déjà

1. Celia Izoard, « Non, la voiture électrique n'est pas écologique », *Reporterre*, 1er septembre 2020 (reporterre.net). L'étude allemande citée est : « Sensitivity Analysis in the Life-Cycle Assessment of Electric vs. Combustion Engine Cars under Approximate Real-World Conditions », par Eckard Helmers, Johannes Dietz et Martin Weiss, publié dans la revue *Sustainability*, février 2020.

2. Agence de l'environnement et de la maîtrise de l'énergie.

causé son lot de méfaits et de crimes, disons « par excès de confiance ». Mais quand un Macron peut déclarer encore aujourd'hui qu'« il faut y aller à fond » – dans l'innovation, dans la transition écologique et numérique, dans la prédation de ressources que cela implique –, la part de folie et de cynisme que cet optimisme contenait s'étale au grand jour. Peut-il l'ignorer, cette prédation ? Peut-il ignorer que même en dehors de cercles contestataires, de plus en plus de scientifiques et d'ingénieurs, qui partagent largement son rapport (suréquipé) au monde, émettent d'importants doutes sur la possibilité que l'innovation technologique réponde « au défi climatique » ?

J'ai déjà mentionné le scepticisme d'une institution cardinale du capitalisme, la Banque mondiale, dans son rapport sur « le rôle croissant des métaux et des minéraux dans un futur à bas-carbone ». Le géologue minéralogiste Olivier Vidal, qui fait preuve de toute la « neutralité axiologique » qu'on attend d'un directeur de recherche au CNRS (qu'il est), partage ce scepticisme prudent. Dans une synthèse de ses recherches intitulée sobrement « L'avenir des matières premières », il souligne d'abord :

> Avec 70 milliards de tonnes de matières extraites du sous-sol, l'humanité utilise désormais des ressources minérales [– à la fois les graviers, sables et argile nécessaires au ciment et au béton, les minerais et les minéraux industriels –] à un niveau sans précédent, et les tendances restent à la hausse. La production des ressources minérales utilise 35 % de l'énergie consommée par l'industrie mondiale et elle est actuellement responsable de 50 % de ses émissions de CO_2[1].

Cette mise au point initiale met en cause frontalement la poursuite du processus d'artificialisation de la terre, poursuite que la « transition » vise justement à permettre. Vidal met ensuite en évidence les hypothèses très incertaines sur lesquelles repose la « réussite » de ce projet industriel : il faudra développer les capacités de recyclage des métaux de manière inédite, sans rapport avec ce qui existe

1. Olivier Vidal, « L'avenir des matières premières », *Études*, n° 4282, mai 2021.

jusqu'ici ; il faudra exploiter des gisements de métaux de moins en moins accessibles, donc plus chers à exploiter… sauf si les fontes de glace liées au réchauffement climatique finissent par libérer de nouvelles ressources abondantes, qui bien sûr aggraveront les problèmes écologiques ; il faudra développer « à fond » les technologies numériques, alors que celles-ci ont un impact de plus en plus destructeur sur les milieux naturels.

> Les énergies renouvelables étant très diluées par rapport aux combustibles fossiles, il faut de grandes infrastructures pour générer une énergie utilisable à partir de sources solaires et éoliennes, et ces infrastructures demandent plus de matières premières que les installations utilisant des combustibles fossiles ou nucléaires. On s'attend donc à ce que la transition énergétique soit responsable d'une surconsommation de métaux… qui demandent beaucoup d'énergie pour être produits. […] L'accès aux ressources ne sera pas limité par leur épuisement global, mais à cause de limites thermodynamiques qui nous empêchent d'exploiter des ressources de moins bonne qualité à consommation énergétique et coût de production raisonnables, malgré l'amélioration de la technologie.
>
> […] Certains affirment que les technologies numériques et la dématérialisation permettront d'optimiser les systèmes et donc in fine de faire des économies, mais cela n'est pas démontré. Les avancées technologiques ne permettent de faire des économies que si elles se restreignent à la seule substitution de l'existant, ce qui n'est jamais le cas. Le remplacement des écrans cathodiques par les écrans plats, par exemple, est source d'économie, mais aussi de multiplication d'écrans. Cet effet rebond [provoque en général une] surconsommation[1].

Même son de cloche au sein du *think tank* dirigé par le nucléariste et très technophile Jean-Marc Jancovici (financé entre autres par EDF) : les chercheurs du Shift Project sont partisans de la notion

1. *Ibid.*

de transition écologique, mais ils s'interrogent assez honnêtement sur ses conditions de possibilité. Et depuis 2018, ils ont publié plusieurs rapports lourdement chiffrés mettant en cause le lieu commun médiatique et industriel selon lequel les outils informatiques constituent le levier essentiel pour diminuer l'impact écologique des activités humaines. Dans le « résumé aux décideurs » de leur rapport d'octobre 2018, « Pour une sobriété numérique[1] », ils mettent en garde contre « une « explosion de l'impact environnemental du numérique » ; ils évoquent le « risque réel de voir se réaliser un scénario dans lequel des investissements de plus en plus massifs dans le numérique aboutiraient en fait à une augmentation nette de l'empreinte environnementale des secteurs numérisés ». Avant de manger le morceau : il ne s'agit pas simplement d'un risque, « [c'est] ce qui, en pratique, se constate déjà depuis plus d'une décennie » !

> La transition numérique génère actuellement une augmentation forte de l'empreinte énergétique directe du numérique. Cette empreinte inclut l'énergie de fabrication et d'utilisation des équipements (serveurs, réseaux, terminaux). Elle est en progression rapide de 9 % par an[2].
>
> La captation d'une part progressivement démesurée de l'électricité disponible accroît la tension sur la production électrique à l'heure où celle-ci peine à se décarboner. [...] L'explosion des usages vidéo (Skype, streaming, etc.) et la multiplication des périphériques numériques fréquemment renouvelés sont les principaux facteurs d'inflation. [...] Le numérique s'illustre ainsi par une tendance

1. Rapport du groupe de travail dirigé par Hugues Ferreboeuf, disponible sur le site Internet du Shift Project.

2. À l'intérieur du rapport, le taux de croissance des émissions de gaz à effet de serre dues au numérique est estimé à 8 % par an, quand la simple tenue des fameux Accords de Paris (2015) implique une réduction de 5 % par an de ces gaz par l'ensemble des sociétés du monde. Cela fait déjà plusieurs années que le numérique prend une part plus importante que le transport aérien à ces émissions, et le Shift Project estimait probable, avant même l'épisode Covid, que cette part atteigne 8 % des émissions totales en 2025, soit le même pourcentage que l'ensemble des véhicules légers de la planète (autos, motos).

exactement inverse à celle qui lui est généralement attribuée, à savoir dématérialiser l'économie.

Quelques mois plus tard, un autre rapport du Shift Project dénonçait plus particulièrement « l'insoutenable usage de la vidéo en ligne[1] », en attirant l'attention sur le fait que la consommation de vidéos sur Internet est un des facteurs importants de l'explosion des quantités d'énergie appelées par le système numérique. Les vidéos pèseraient en effet pour 80 % du volume de données en circulation sur le Web, stockées dans les serveurs des *data centers* ; et elles seraient responsables de 80 % de la croissance du trafic Internet au niveau mondial (qui lui-même, avant le coup d'accélérateur de 2020, augmentait de 25 % par an). Ce rapport s'indignait de la part prise par les vidéos pornographiques dans cette gabegie énergétique ; mais en réalité, il invite (sans le vouloir vraiment?) à se questionner sur l'ensemble des habitudes prises par les internautes en quelques années. Et bien sûr, il invite à remettre en cause le déploiement de la 5G, dont un des seuls bénéfices nettement mis en avant pour les usagers ordinaires de smartphones est la possibilité de créer et visionner beaucoup plus de vidéos dans leur quotidien, à tout moment, en tout endroit.

À la suite de ceux-ci, d'autres rapports officiels, en France, ont pointé le contresens fait par l'oligarchie politico-industrielle et ses valets médiatiques, qui continuent d'associer transition énergétique-écologique et développement forcené du numérique. Je pense à celui de deux chercheuses de l'Ademe sur « L'impact spatial et énergétique des "data centers" sur les territoires », qui s'inquiète ouvertement de « l'emballement énergétique et infrastructurel » induit par les discours et projets des opérateurs de *data centers* et des entreprises du numérique[2]. Ou à celui du haut conseil pour le climat, fin

1. Rapport d'un groupe de travail dirigé par Maxime Efoui-Hess, publié en juillet 2019, et intitulé précisément « Climat : l'insoutenable usage de la vidéo en ligne », ce qui de nouveau restreint de manière problématique la question écologique au seul « défi climatique ». Disponible en ligne sur le site du Shift Project.

2. Cécile Diguet et Fanny Lopez, « L'impact spatial et énergétique des "data centers" sur les territoires », février 2019, disponible sur le site Internet de l'Ademe.

2020, assurant que le déploiement de la 5G allait faire nettement augmenter les émissions de CO_2, de par la hausse considérable des quantités d'électricité consommées et de par les conséquences de la fabrication des nouveaux équipements prévus.

> Nous n'avons pas d'évaluation globale [au sujet des économies d'énergie annoncées par les promoteurs du nouveau réseau de téléphonie mobile]. Bien sûr, si on examine une pratique précise, comme dans les ports par exemple, on peut estimer la réduction des émissions. Mais la 5G va créer de nouvelles demandes et donc avoir un effet rebond que la hausse d'efficacité énergétique ne viendra pas compenser[1].

Et pourtant, quand Xavier Niel, le PDG de Free, très proche d'Emmanuel Macron, est auditionné sur le sujet à l'Assemblée nationale, que déclare-t-il ? Que la 5G est « une formidable opportunité pour construire une société plus sobre ». Tous les avertissements émis à la fin des années 2010, aussi bien par des experts officiels que par des journalistes ou chercheurs engagés, ont de toute façon été balayés dans le contexte du Covid et du grand confinement de 2020. L'épisode pandémique, on le sait, a été un moment d'expérimentation radicale et de promotion illimitée de la vie numérisée. Au moment où je rédige cet essai, il n'y a pas encore d'actualisation des données chiffrées sur les impacts énergétiques et écologiques du déferlement numérique, qui prenne en compte l'accélération des années 2020-2022. Mais on ne voit pas comment les dégâts pourraient ne pas avoir augmenté de manière effrayante. Dans leur rapport de 2018, les ingénieurs du Shift Project tablaient sur un scénario de modération numérique pour sauver leur conception de la transition énergétique. Ils estimaient encore improbable, exagéré, le scénario annoncé par deux chercheurs de Huawei, selon

1. Déclaration de Corinne Le Quéré, climatologue et présidente du haut conseil pour le climat, lors de la publication du rapport, citée dans « La 5G fera croître les émissions de gaz à effet de serre, dit le haut conseil pour le climat », *Reporterre*, 19 décembre 2020 (reporterre.net).

lequel le système numérique pourrait consommer en 2030 la moitié de toute l'électricité mondiale (c'est-à-dire la totalité de ce que l'humanité consommait, en électricité en... 2008)[1]. Avec les choix faits au début de l'épidémie de Covid et les feuilles de route adoptées par les décideurs pour 2030, ce scénario pourrait être devenu rien moins qu'improbable.

On comprend bien l'intérêt immédiat que trouvent les grands oligarques du secteur, et leurs affidés dans les ministères et les palais présidentiels, à appuyer constamment sur l'accélérateur. Mais qu'ont-ils exactement dans la tête – les Macron, Niel, Thierry Breton, aussi bien qu'Elon Musk, Peter Thiel, Eric Schmidt, Mark Zuckerberg ou les dirigeants du Parti communiste chinois – lorsqu'ils choisissent d'ignorer les avertissements lancés jusque dans des cercles assez proches d'eux ? Dans quel état pensent-ils que les sociétés du Nord et du Sud vont arriver en 2030, et au-delà ? Et qu'imaginent-ils au moins pour eux ? Sont-ils purement et simplement fous ? Ou reste-t-il une part de calcul rationnel dans leur nihilisme, leur antihumanisme profond ?

Il est difficile, voire impossible, de répondre aujourd'hui à ces questions. Ceux qui le font avec certitude, qu'ils soient complotistes ou pas, ont de la chance, mais ne nous sont pas d'un grand secours. Ce sont des questions légitimes ; elles ne pourraient pas interpeller autant de gens si nous n'étions pas face à une crise radicale de l'avenir, à un sentiment d'impasse absolument justifié. Se les poser doit servir à réaliser la gravité de la situation.

Pour autant, ces questions ne sont pas les plus importantes. Ou plutôt, elles ne sont importantes que parce que les populations se laissent mener à l'abattoir et, majoritairement, ne réagissent pas mieux que leurs élites dirigeantes. Ce ne sont pas seulement les décisions des oligarchies qui nous ont menés dans une impasse civilisationnelle, ce sont les orientations de l'ensemble de la société, à laquelle ont pris part des gens de toutes les couches sociales. Par rapport au problème

1. Anders S.G. Andrae & Tomas Edler, « On Global Electricity Usage of Communication Technology : Trends to 2030 », *Challenges*, n° 6, 2015.

écologique, en premier lieu, si l'on n'observait des partis pris nihilistes et suicidaires que dans les couches dirigeantes, nous n'en serions probablement pas arrivés au point extrême (de non-retour ?) où nous nous trouvons. Après avoir mis en exergue tout ce qui, dans le fonctionnement ordinaire de notre société industrielle, s'approche du complot ou peut y faire raisonnablement songer, il est temps de s'intéresser aux dynamiques plus fondamentales qui animent cette société et compromettent les révoltes qui éclatent contre elle.

CHAPITRE IV

Mieux qu'un complot, un projet politique : informatiser le monde

S'il ne faut pas sous-estimer l'influence de Schwab et du Forum économique mondial, ce ne sont pas eux qui tirent les ficelles. Il n'y a tout simplement pas de ficelles. […] La plupart d'entre nous avons déjà dans notre poche un instrument portable qui permet de nous suivre à la trace, de savoir où nous nous trouvons, qui récolte des données sur tout, de nos idées politiques à nos préférences de consommation, et que l'État peut utiliser en dernier recours, pour savoir qui sont nos amis et quels sont nos contacts. […] Nul besoin d'imaginer que ceux qui sont aux manettes agissent dans l'ombre. Ceux qui sont au pouvoir (ou du moins qui y aspirent) sont là sous nos yeux, depuis des années, et la plupart d'entre nous n'y prête tout simplement pas attention ou s'en fiche. Nous sommes trop occupés à jouer avec les joujoux qu'ils fabriquent pour nous. Ce à quoi nous assistons, c'est tout simplement au fonctionnement habituel de la Machine. Elle profite des évènements pour renforcer sa domination. Elle colonise nos sociétés, nos corps et nos esprits. Elle remplace la nature par la technologie et la culture par le commerce.

Paul Kingsnorth, « Basculement. Retour sur la gestion du Covid-19 et l'obligation vaccinale », 2022

J'ai souligné, à la fin du chapitre précédent, le grave contresens fait par les promoteurs du numérique quand ils figurent ces technologies comme une solution à la dévastation des milieux naturels.

Mais on ne peut mesurer la portée de ce contresens que si l'on saisit l'importance que revêt, aux yeux des élites qui le portent, le projet de numérisation du monde. Non seulement ce projet est au cœur de l'imaginaire modernisateur et rationalisateur des dirigeants économiques et politiques depuis de longues décennies, non seulement il est un point d'appui indispensable à la poursuite, tant bien que mal, de l'accumulation capitaliste, mais il est aussi le facteur de bouleversement social le plus important à notre époque : le développement du numérique a notamment pour effet de renforcer en permanence l'asymétrie de pouvoir entre les citoyens ordinaires et les couches dirigeantes – ce qui ne veut pas dire que ces dernières maîtrisent tout, loin de là.

S'attarder sur les tenants et les aboutissants de ce phénomène de numérisation est d'autant plus légitime qu'il est désormais perçu comme une menace par certains pans de la population, ce qui n'était pas le cas il y a dix ans. Au sein du mouvement des gilets jaunes a mûri, de manière inattendue, la conviction diffuse que le réseau de cinquième génération de téléphonie mobile était avant toute chose un outil de fichage et de répression aux mains d'une oligarchie prête à défendre ses intérêts par tous les moyens. Puis, au fil de l'épisode Covid, les fractions de l'opinion réfractaires à la gestion autoritaire de l'épidémie ont accordé une place centrale aux projets de surveillance électronique déjà mis en place ou envisagés pour le futur proche. De plus en plus de citoyens perçoivent que le numérique sera pour les dirigeants un outil essentiel de gestion des graves crises qui s'annoncent, qu'il s'agisse de gestion des pénuries, de répression des révoltes ou de tri des populations. Fait son chemin l'idée que les élites néolibérales et « mondialistes » des États-Unis et d'Europe seraient animées par un projet inavouable de destruction de la tradition occidentale de libertés ; que pour maintenir leur pouvoir, elles seraient décidées à mettre en place un système de surveillance à la chinoise, dont les passes sanitaire et vaccinal auraient été les prodromes.

Là encore, et bien que circulent des versions hystériques de cette idée, l'intuition « populaire » n'est pas dénuée de clairvoyance ni de fondement. Il est tristement vrai que les gouvernements occidentaux et leurs polices hésitent de moins en moins à utiliser les possibilités de surveillance et de gestion autoritaire qui leur sont offertes par les technologies de pointe. On l'a vu en France pendant les confinements décrétés pour arrêter le coronavirus : des drones ont été utilisés pour repérer des promeneurs au bord des fleuves et leur intimer l'ordre de rentrer chez eux ; le maire de Nice a demandé à Enedis l'accès aux données des compteurs Linky pour savoir si les résidences secondaires de sa commune étaient occupées ; des applications de traçage électronique des contacts, puis des passes vaccinaux ont été mis en place, chaque fois quelques semaines après que les décideurs avaient publiquement estimé que ces dispositifs constituaient une rupture trop importante avec la « tradition de liberté de notre pays ». Mais l'épidémie n'a constitué qu'un prétexte pour accélérer des tendances déjà installées : qu'on pense aux projets d'utilisation de la reconnaissance faciale par caméra de vidéosurveillance, dans plusieurs villes françaises (Nice, Marseille, Toulouse, Valenciennes, Paris...)[1], ou aux livraisons des adresses IP demandées par la police, auxquelles des hébergeurs de courrier électronique (qui se vantaient pourtant de crypter les communications et protéger leurs usagers de la surveillance) ont fini par consentir[2].

Pour autant, cette évolution est moins le signe d'une volonté sournoise de convertir les pays occidentaux à un totalitarisme politique et policier de type chinois (ou soviétique) que le résultat du projet consensuel d'informatiser les sociétés. Dans ce chapitre, je vais reprendre et développer à nouveaux frais la position que le Groupe Marcuse défendait dans *La Liberté dans le coma* : l'informatique est par définition production et enregistrement d'informations ; elle est indissociable d'une traçabilité systématique des objets, des actions et des personnes informatisées, et a donc une affinité de principe avec la surveillance de masse, à partir du moment où tout le monde

1. Voir le Manifeste « Résister à la surveillance totale de nos villes et de nos vies », lancé par l'association La Quadrature du Net, en ligne sur <technopolice.fr>, où l'on trouvera aussi une carte mise à jour des projets sécuritaires des municipalités françaises.

2. Gaspard d'Allens, « Réputé sûr, Protonmail a livré à la police des informations sur des militants climat (sic) », *Reporterre*, 7 septembre 2021 (reporterre.net).

l'utilise. Pour autant, l'informatisation de nos vies n'est pas le résultat d'un projet policier. Elle résulte d'abord des pratiques de gestion de masse développées par les États et les entreprises privées ; de la fascination qu'exercent les ordinateurs et Internet sur les consommateurs de base comme sur les gestionnaires des organisations de toute taille ; enfin, d'un espoir de maîtrise et de pilotage rationnels de la réalité (physique et sociale), qui est un trait absolument central de l'imaginaire des sociétés capitalistes industrielles. *C'est donc le fonctionnement tout à fait normal de nos sociétés qui amène à la pulvérisation de la tradition politique occidentale de (relative) liberté.* En effet, toute l'énergie de ces sociétés est tournée vers l'innovation technologique, et le souci de préserver ou développer les libertés civiles est toujours balayé par cet impératif.

Aussi l'oligarchie des années 2020, soucieuse de défendre son pouvoir *quoi qu'il en coûte*, n'est-elle pas en train de dévoyer un appareillage technologique qui aurait pu servir des finalités plus humaines ou écologiques. Le problème est plutôt qu'une partie essentielle de son pouvoir repose sur des technologies qui tiennent les populations dans un état de dépendance extraordinaire vis-à-vis d'elle. Ces technologies nous asservissent déjà mentalement depuis deux décennies, et cet esclavage mental fait le lit d'un esclavage politique et économique, susceptible de se mettre en place au fil des états d'urgence sanitaires, guerriers et énergétiques. Seule une révolte contre cette quincaillerie électronique et ses représentants de commerce pourrait interrompre le glissement en cours vers la vie totalement administrée.

La course à l'identité numérique : accélération, ruptures… et continuité

Parmi les évolutions très préoccupantes en cours dans les pays occidentaux, il y a la mise en place à vive allure de l'identité électronique des personnes. Alors que le déploiement de la reconnaissance faciale par les caméras de surveillance suscite tout de même quelque débat, la construction d'un dispositif numérique d'état civil ne fait l'objet d'aucune polémique dans l'espace médiatique légitime. Elle n'est même pas considérée comme une information politique, elle tend à être présentée par ses promoteurs ou traitée par les journalistes comme une information technique, dans le registre : « Nous, administrations et entreprises, sommes en train d'améliorer les services que nous vous rendons, nous fiabilisons, nous sécurisons. »

C'est ainsi que quand la présidente de la Commission européenne, Ursula von der Leyen, annonce en pleine crise du Covid, le 16 septembre 2020, la création d'une identité numérique européenne, elle invoque la protection des droits légitimes du consommateur et de l'internaute par la puissance publique, contre les abus d'acteurs privés. Une simple amélioration de la sécurité routière sur les autoroutes de l'information, en somme :

> Chaque fois qu'une application ou un site Web nous propose de créer une nouvelle identité numérique ou de nous connecter facilement via une grande plateforme, nous n'avons aucune idée de ce que deviennent nos données, en réalité. C'est pourquoi la Commission proposera bientôt une identité électronique européenne sécurisée. Une identité fiable, que tout citoyen pourra utiliser partout en Europe pour n'importe quel usage, comme payer ses impôts ou louer un vélo. Une technologie qui nous permettra de contrôler quelles données nous partageons et l'usage qui pourra en être fait[1].

La page du site de la Commission européenne consacrée à ce projet est à l'avenant. Elle met en avant les difficultés pratiques rencontrées par les Européens avec les administrations des pays où ils voyagent, le bonheur qu'il y aura bientôt à pouvoir prouver son âge avec son smartphone quand on achète de l'alcool, à disposer d'un permis de conduire numérisé quand on loue une voiture et d'une signature électronique pour n'importe quelle démarche d'authentification.

1. Ursula von der Leyen, « Discours sur l'état de l'Union », 16 septembre 2020, texte disponible sur le site de la Commission <ec.europa.eu>.

Un principe fondamental est affiché : « [L'identité numérique européenne] donne aux utilisateurs le contrôle total sur le choix des aspects de leur identité, des données et des certificats qu'ils partagent avec des tiers, et la possibilité de garder une trace de ce partage. »

Le 2 juin suivant, ce sont Margrethe Vestager (vice-présidente danoise, responsable du programme *d'adaptation de l'Europe à l'ère numérique*) et Thierry Breton (commissaire français au Marché intérieur) qui annoncent les contours du « portefeuille européen d'identité numérique ». Le Digital ID Wallet sert en fait à créer un cadre européen pour inciter les pays membres de l'Union n'ayant pas encore de carte d'identité électronique à la mettre en place à échéance d'un an, en adoptant les standards techniques des pays les plus avancés (Estonie, Danemark, etc.). C'est que l'UE travaille depuis 2014 à l'interopérabilité des schémas d'identité numérique des différents États. Ainsi, au moment (1er juillet 2021) où le dispositif – présenté sur le coup comme exceptionnel – du passeport sanitaire européen était lancé, la Commission travaillait à rendre rapidement pérenne la migration des éléments bureaucratiques de l'identité vers la sphère numérique. Concrètement, le Portefeuille consiste en une application de smartphone qui contiendra les informations de base sur l'identité du détenteur, certains de ses documents administratifs, et des moyens de paiement.

En passant : Thierry Breton se trouve être un ancien PDG de Thomson – entreprise devenue Thales dans les années 2000 – et d'Atos, entreprise informatique française de premier plan, à l'origine entre autres de l'architecture du système de compteurs communicants Linky. Il est notable qu'en 2021 Thales et Atos ont créé une filiale commune, Athea, spécialisée dans le traitement de données massives et l'intelligence artificielle pour les secteurs de la défense, du renseignement et de la sécurité intérieure. Il est encore plus notable que Thales a lancé quelques mois auparavant un Digital Identity Wallet, qui contient les mêmes éléments que le Digital ID Wallet de la Commission européenne. Et pour ne rien gâcher (cacher ?), l'entreprise en fait la promotion avec le même argument de protection de la vie privée des utilisateurs : « [Il] offre aux citoyens un contrôle total sur leurs données personnelles, avec la liberté de décider quelles informations ils partagent, quand et avec qui ils souhaitent les partager » – principalement, il est possible de prouver son âge sans faire aussi état de son nom, son adresse, etc. C'est une coïncidence troublante, bien sûr, et pourtant, on manquerait l'essentiel en se focalisant sur les soupçons de conflits d'intérêts au sein de cette oligarchie consanguine.

Intéressons-nous plutôt aux retombées hexagonales de ces impulsions européennes. En août 2021, en plein déploiement du passe sanitaire et alors que des manifestations d'une ampleur très inhabituelle troublent la période estivale pour le dénoncer, l'État français lance une nouvelle carte d'identité à puce et à QR code. C'est l'aboutissement d'un vieux projet, amorcé sous la présidence de Nicolas Sarkozy, puis abandonné sans trop d'explications. Au format d'une carte bancaire, cette carte d'identité comporte comme ses devancières des données biométriques (photo du visage scannée et empreintes digitales), mais la nouveauté est que celles-ci sont maintenant contenues dans une puce RFID et dans un QR code. Ce dernier est également porteur – vers l'espace numérique – de la signature du détenteur de la carte.

Les potentialités de cette carte, et son inscription dans le cadre européen du portefeuille d'identité numérique, sont mises en évidence par un décret du 26 avril 2022. Et oui : le 26 avril, surlendemain de la victoire d'Emmanuel Macron au deuxième tour de l'élection présidentielle face à Marine Le Pen, alors que le pays se trouve dans un moment de flou entre premier et deuxième mandat du président sortant, ce décret crée une « application » permettant le téléchargement de la carte d'identité récemment lancée dans les smartphones. Cette application, baptisée service de garantie de l'identité numérique (SGIN), contiendra le nom du titulaire de la carte et du téléphone, sa date de naissance, sa photo, son adresse postale et une adresse électronique. Elle générera « des attestations électroniques comportant les seuls attributs d'identité dont il estime la transmission nécessaire aux tiers de son choix » (vous

vous en seriez douté) et facilitera la connexion à des services publics ou privés. Le SGIN devrait en principe venir coiffer les versions antérieures de l'identité électronique en France, proposées par La Poste depuis juin 2021 et par le portail d'accès aux services publics numérisés, FranceConnect, qui existe, lui, depuis 2016.

Que penser de la date choisie pour franchir cette étape ? Est-ce une provocation de la technocratie macronienne, pour narguer une frange de l'opinion qui l'a contestée frontalement (« Nous avons gagné malgré la haine que vous nous vouez, désormais nous avons les mains libres pour aller encore plus loin ») ? Est-ce au contraire un souci de dissimulation ? Ou alors le signe que ces gens conçoivent sincèrement un tel décret comme purement technique, secondaire, tellement ce type d'évolution va de soi pour eux ? Difficile à savoir. Par contre, pour les millions de personnes qui ont perçu les dispositifs numériques adoptés pendant l'épidémie de Covid comme un point de rupture fondamental, la création des conditions techniques du portefeuille d'identité numérique ne peut que constituer un nouveau seuil politique très significatif, symboliquement et concrètement. Elle confirme leur crainte que ces dispositifs ne restent pas exceptionnels dans le cours de nos sociétés, et qu'au contraire ils puissent devenir la norme. Une fois les papiers d'identité de chacun inscrits dans un QR code et dans une application de smartphone, la logique du passe sanitaire-vaccinal est pérennisée : des systèmes de pénalisation et exclusion de certaines catégories de citoyens peuvent être (ré)activés à tout moment et complètement banalisés, dans un fonctionnement social où les machines numériques sont omniprésentes.

Je partage complètement ce sentiment et cette rage. Pour autant, il n'y a pas lieu non plus de surestimer cette étape-là, dans la montée en puissance des capacités informatisées de gestion et surveillance de masse. Ce n'est qu'une étape parmi d'autres, qui sont malheureusement passées inaperçues parce que pratiquement personne n'en décelait alors la portée politique. Par exemple, il n'y a pas eu de manifestation ni d'interpellation des gouvernants lorsque les citoyens français ont commencé à recevoir chez eux des déclarations d'impôt préremplies : il semblait logique, inévitable et pratique à tout le monde que l'État puisse reconstituer sans notre concours les différentes rémunérations que chacun a perçues au fil de l'année ; que le ministère des Finances ait accès aux données des banques, des entreprises, des caisses d'assurance sociale, etc., pour nous servir sur un plateau un résultat en général fiable, qu'on nous demande simplement de valider par une signature, voire par notre silence approbateur. En fait, cela aurait dû nous faire réagir, en nombre.

Il n'y a pas eu non plus de réticence partagée à utiliser des systèmes de géolocalisation, GPS ou smartphone, qui peuvent permettre aux autorités et aux puissances marchandes de savoir où nous nous trouvons. En dehors de petits groupes libertaires, personne n'a protesté contre l'introduction de titres de transport électroniques dans les bus, les métros et les TER. En région parisienne, le lancement du passe Navigo autour de l'an 2000 avait même été considéré par beaucoup comme une mesure de justice sociale parce qu'il était associé à des réductions de tarif pour les étudiants. Or le billet de bus ou de train électronique est la base d'une gestion commerciale des transports, soustraite au souci de service public, par l'analyse des trajets de chacun et la catégorisation des voyageurs en cibles marketing. Il est aussi la base d'un recul de l'anonymat du voyageur. Dans la France de 2020, il est devenu normal et obligatoire de donner son nom pour circuler sur des grandes lignes de train, comme cela l'était en Union soviétique. Pour sûr, ce sont de simples motifs de sécurité et d'offres promotionnelles qui justifient cela, évidemment pas l'émergence d'un nouveau type de totalitarisme qu'historiens et sociologues de Sciences Po se seraient empressés de venir dénoncer sur les ondes de France Inter et France Culture.

Il n'y a pas eu non plus de réaction, dans les sociétés occidentales, face au pouvoir acquis par Facebook grâce au recueil d'informations sur la vie de ses usagers. Le fait que le réseau social fondé par Mark Zuckerberg utilisait les mêmes algorithmes que Google pour profiler finement les internautes[1] était sans doute moins connu

1. Voir Shoshana Zuboff, *L'Âge du capitalisme de surveillance*, Paris, Zulma, 2020.

en 2010 qu'aujourd'hui. Mais comment est-il possible que tant de gens différents aient pu prendre en toute tranquillité l'habitude de confier à un grand groupe capitaliste leurs moindres pensées du jour, tous leurs « goûts » et la cartographie de leurs relations sociales, sans penser que cela aurait des conséquences ? Sans penser que cela nourrirait dangereusement une puissance qui ne travaille pas pour le bien public, la liberté et l'égalité, malgré ses dires. Il faut bien admettre que les critiques, parfois anciennes, de la société de consommation, du pouvoir du marketing de masse sur nos vies, ou encore de l'informatisation de la société, sont restées largement sans effet sur la grande majorité des esprits et des comportements. Ce que nous affirmions par exemple dans *La Liberté dans le coma* il y a dix ans reste encore impossible à sentir, trop difficile à croire, pour tant de nos contemporains – y compris certains anticapitalistes ou opposants au passe sanitaire :

> Considérer la surveillance comme un aspect négatif mais contingent des nouvelles technologies de l'information et de la communication est absurde. Il n'est pas possible par exemple d'opposer les prétendus avantages des cartes (à puce) RFID aux possibilités de contrôle à distance qu'elles recèlent. [...] Plus globalement, à partir du moment où l'ensemble de nos activités sont informatisées, il y a beaucoup plus d'informations sur nous et elles ne peuvent jamais dans leur totalité être effacées, rendues anonymes ou inutilisables. De même qu'il est impossible de bâtir une maison en amiante où personne ne serait jamais en contact avec de l'amiante, il est illusoire de penser que l'informatisation de la vie sociale pourrait ne pas générer des torrents d'informations sur toutes choses, à toutes fins utiles. Google est *essentiellement* une entreprise de surveillance puisque sa raison sociale est d'accumuler des données sur tout et tous. Les compagnies de téléphonie mobile sont *pratiquement* des services auxiliaires de la police, chargés de la géolocalisation des individus tenus en laisse par leur portable. La surveillance, qu'elle soit mercantile ou policière, résulte du choix collectif d'un mode de vie irresponsable.

La numérisation est d'abord un projet industriel

Loin de moi, donc, l'idée de nier ou minimiser la dimension politique de la course à l'identité numérique. Il ne fait pas de doute que ce type de projet s'inscrit dans un processus de préparation des oligarchies occidentales à des temps troublés, où il est crucial pour elles de parfaire l'intégration des citoyens à la machine sociale, de s'assurer des leviers de contrôle et d'obéissance adaptés au fonctionnement social existant, au mode de vie de la majorité des individus. De ce point de vue, il y a effectivement une convergence avec le modèle chinois : les couches dirigeantes des vieux pays industriels anticipent des situations – pénuries, révoltes contre des projets d'aménagement stratégiques ou contre des coupes budgétaires massives, guerres pour les ressources, catastrophes diverses… – où elles vont devoir faire preuve d'autoritarisme avec leur population. À l'instar des dirigeants du PCC, elles veulent profiter de toutes les technologies existantes ou à venir pour maximiser leur emprise sur les citoyens.

Mais il est trompeur de ne considérer que cette partie-là de l'iceberg. Une autre dimension de ce qui arrive, en Europe en tout cas, est la tentative de la part des États de reprendre la main sur un phénomène qui a d'abord été orchestré par les acteurs privés, en premier lieu américains : ce sont les géants de la Silicon Valley, les Gafam, qui ont accumulé le plus de données sur les populations européennes et qui étaient des candidats naturels à la confection de dispositifs d'identification électronique des internautes du monde entier. Microsoft finance d'ailleurs le projet (relativement mystérieux) ID2020, qui milite pour l'attribution d'une identité numérique à tous les habitants de la planète, et en premier lieu aux millions d'apatrides et de réfugiés jetés sur les routes par les guerres, les persécutions ou la misère[1]. Souvenons-nous aussi que Facebook avait, avant la séquence Covid, le projet de battre monnaie (électro-

1. Voir les discours lénifiants à l'appui de ce programme initié par Accenture, Microsoft, l'alliance Gavi pour les vaccins (elle-même largement financée par la Fondation Gates) et la Fondation Rockefeller, sur <id2020.org>.

nique), ce qui implique l'identification numérique des utilisateurs de cet « argent ». Le Digital ID Wallet de la Commission européenne, comme l'hypothèse d'un euro numérique réactivée depuis 2020, constitue donc, pour partie aussi, une réponse des pouvoirs publics du Vieux Continent à la puissance fantastique et menaçante des Gafam. C'est la thématique chère à Thierry Breton de la souveraineté numérique européenne : la volonté que l'Europe puisse poursuivre son développement numérique – avec *ses* semi-conducteurs, *ses* infrastructures de stockage de données, *ses* opérateurs Internet à elle – si elle venait à être coupée des États-Unis ou brouillée avec ses dirigeants. Ce qui n'empêche évidemment pas les dirigeants de la Commission d'être *en même temps* profondément atlantistes, inféodés aux intérêts américains, à ceux des géants du numérique, etc.

Reste qu'en plus de cette dimension géopolitique (et imbriquée avec elle), il y a tout simplement la dimension industrielle des évolutions en cours. L'identité numérique n'est pas un projet sulfureux, à demi caché par des dirigeants en train de changer de cap – de passer brusquement de la démocratie à la dictature. L'identité numérique est un des volets, assumé et logique, d'un projet politique et industriel cohérent mené de très longue date : l'informatisation des sociétés industrielles. Sur le site de la Commission européenne, l'identité numérique est présentée comme une des quatorze « actions » visant à adapter l'Europe à l'ère du numérique pour « favoriser une nouvelle génération de technologies donnant aux citoyens les moyens d'agir ». Parmi les treize autres actions, on trouve la politique industrielle pour une souveraineté européenne en matière de semi-conducteurs, la législation sur les services numériques, le soutien à la recherche en intelligence artificielle ainsi qu'en calcul à haute performance, la stratégie européenne pour les données ou le lancement de satellites européens pour améliorer la connexion à Internet.

> Les technologies numériques sont en train de changer la vie des citoyens. La stratégie numérique de l'UE a pour objectif de faire en sorte que cette transformation profite aux citoyens et aux entreprises, tout en aidant l'UE à atteindre son objectif de neutralité climatique

> d'ici 2050. La Commission est déterminée à faire de la décennie qui s'ouvre la « décennie numérique » de l'Europe. Celle-ci doit maintenant renforcer sa souveraineté numérique et fixer des normes au lieu de suivre celles des autres, en mettant clairement l'accent sur les données, les technologies et les infrastructures[1].

Pour ce faire, la Commission propose aux nations du continent de s'orienter avec une « boussole numérique » comportant quatre pôles : compétences, transformation des entreprises, infrastructures et services publics. Traduit en langage ordinaire, cela signifie que la numérisation en profondeur des sociétés visée par les décideurs pour 2030 exige que toute l'éducation et la formation professionnelle des individus soient orientées vers le numérique ; que les entreprises soient en permanence encouragées par l'action publique à informatiser leurs procédés de production, aussi bien que leurs prestations et leurs produits ; que toutes les infrastructures et les services publics permettant le fonctionnement de la société de masse reposent sur le numérique – ordinateurs et bornes automatiques, puces et recueils d'informations automatisés, applications et algorithmes…

Mais ce programme volontariste et extrémiste *a-t-il quoi que ce soit de nouveau ?* Ne fait-il pas que prolonger des politiques publiques déjà existantes et des évolutions sociales largement entamées ? Le choc du Covid a donné le prétexte à un monumental plan de relance européen de 750 milliards d'euros, « NextGenerationEU », dont 20 % doivent être consacrés à soutenir la numérisation de la société : *big data*, microprocesseurs de haute performance pour l'intelligence artificielle, amélioration des réseaux de fibre optique et de téléphonie mobile. Mais avant « NextGenerationEU » et le projet de décennie numérique, il y avait eu « Horizon 2020 », programme-cadre de l'Union européenne pour la recherche et l'innovation mis en place en 2014 : 79 milliards d'euros distribués pour soutenir la micro et la nano-électronique, les nanotechnologies, la

1. Il s'agit du paragraphe introductif de la page « Une Europe adaptée à l'ère du numérique », où sont énumérées les 14 actions dont il est question juste avant (ec.europa.eu).

photonique, les biotechnologies, les matériaux et procédés avancés de fabrication. En Allemagne, ce programme-cadre européen avait été devancé par le plan « Industrie 4.0 » dès 2011, qui visait à préserver l'avance germanique en matière de robotique. En France, il fut décliné en un plan « Technologies clés 2020 » destiné à favoriser les industries prioritaires qu'étaient déjà, en 2014, la robotique et la cobotique, l'intelligence artificielle, l'Internet des objets, les services sans contact, les supercalculateurs, l'ingénierie génomique, l'hôpital numérique, l'e-éducation, le TGV du futur, les voitures « autonomes » et les réseaux électriques « intelligents », etc[1].

Et bien sûr, avant les plans récents pour 2020 et 2030, il y avait eu, en France comme dans les autres pays industriels, des plans pour 2010, pour l'an 2000, pour 1985... En 2008, un ministre de Nicolas Sarkozy avait lancé un plan « France numérique 2012 », annonçant notamment le déploiement de la fibre optique dans l'Hexagone ; suivi d'un « programme d'investissements d'avenir » (dans la recherche et l'innovation, les sciences du vivant, le spatial et le numérique) en 2009, sous la houlette de deux anciens Premiers ministres de l'extrême centre technocratique, Alain Juppé et Michel Rocard[2]. En 1999, le social-démocrate Lionel Jospin avait impulsé un programme d'action gouvernemental pour la société de l'information (Pagsi), où il était déjà question d'administration électronique, de réduction de la fracture numérique par l'école, de stimulation de l'innovation par la recherche publique et les start-up, de cybersécurité, d'adaptation du droit au nouveau monde numérique, etc. Ce programme rejoignait par avance les ambitions et engagements de la « stratégie de Lisbonne » (2000), visant à faire de l'UE, dès que possible, « l'économie de la connaissance la plus dynamique et compétitive du monde ».

1. Voir Pièces et main-d'œuvre, « Mutation (ce que signifie accélérer) », dans *Le Règne machinal. La crise sanitaire et au-delà*, Seyssinet-Pariset, Service compris, 2021, notamment p. 54 à 65.

2. Voir Olivier Ezratty, « Les plans industriels des années 2000 », *Frenchweb.fr*, 8 septembre 2016 (frenchweb.fr).

Continuons de remonter ce fil. En 1991, le sénateur Al Gore faisait voter le *High Performance Computing Act*, dans le dessein de doter les États-Unis d'un réseau informatique à haut débit servant avant tout dans les domaines de la recherche et de l'éducation. C'est à cette occasion qu'il fit le parallèle entre ce que pourrait devenir l'Internet et ce qu'avaient représenté les autoroutes pour la prospérité de l'Amérique au XXᵉ siècle. Une fois élu vice-président de Bill Clinton, Gore œuvra à la mise en place d'une National Information Infrastructure, qui sera le cadre technique et légal de déploiement de l'Internet grand public sur le territoire américain. Le 21 mars 1994, il tint un discours vibrant devant l'Union internationale des télécommunications, réunie à Buenos Aires, dans lequel il plaidait pour la construction d'une Global Information Infrastructure. Parmi les diverses envolées lyriques de ce discours, qui paraissent grotesques avec le recul, il y a cette perle : « La Global Information Infrastructure facilitera le fonctionnement de la démocratie en améliorant la participation des citoyens aux processus de décision. Et elle favorisera la coopération entre nations. Je vois un nouvel âge athénien de la démocratie dans les forums que la GII créera. »

Amusant, quand on voit le niveau des tensions géopolitiques en 2023, et qu'Internet est à la fois devenu un enjeu et un terrain des affrontements en cours ou à venir. Amusant aussi, quand on se souvient que le World Wide Web a son origine dans les travaux de la Darpa (Defense Advanced Research Projects Agency), agence de développement d'innovations technologiques à but d'abord militaire. Voici ce que l'essayiste néo-luddite Kirkpatrick Sale disait, lui, en 1995, du volontarisme de l'État fédéral américain pour construire le nouveau réseau de télécommunications :

> L'administration Clinton a subventionné directement les technologies informatiques dans les entreprises grâce aux fonds de recherche de l'armée ; 7 milliards [de dollars] ont déjà été transférés et le financement ne s'arrêtera pas là. Le même gouvernement a aussi commencé à paver la « super-autoroute électronique », censée permettre aux grandes entreprises de numériser et de connecter la quasi-totalité des aspects

> de la vie quotidienne, des films à la recherche scientifique, de l'enseignement aux diagnostics médicaux, des courses à l'épicerie aux activités bancaires. Si la super-autoroute est effectivement développée, elle devra être en grande partie financée par le gouvernement fédéral : ce serait le plus vaste projet de travaux publics jamais entrepris[1].

Bien vu, en 1995. Notons d'ailleurs que ce n'est à cette époque ni aux États-Unis ni en Europe que les efforts les plus immédiats et cohérents de la puissance publique furent mis en œuvre pour faire advenir cet horizon de numérisation générale. C'est au Japon, où un plan de déploiement de la fibre optique fut adopté (avec effet rapide) dès 1994[2]. À cette époque-là, une grande partie de la technocratie française pariait encore sur le Minitel.

Cette erreur peut prêter à sourire, et être considérée comme un symptôme de maladresses répétées en matière de stratégie industrielle. Par contre, il ne doit pas être interprété comme une absence de perception, par les technocrates français, de l'enjeu informatique. C'est ainsi qu'un plan « informatique pour tous » avait été lancé en 1985 par le gouvernement Fabius : il s'agissait de la première tentative d'introduire la micro-informatique dans les écoles, en guise de soutien aux fabricants français de PC. Dans les décennies précédentes, des millions avaient été investis par l'État afin de créer une filière hexagonale de semi-conducteurs, ce qui aboutit, après divers échecs, à la naissance du groupe franco-italien STMicroelectronics et de son rival grenoblois Soitec, entreprises encore importantes aujourd'hui – bien qu'elles ne soient pas aux premiers rangs dans la compétition mondiale[3]. Encore en amont, en 1966, avait été lancé le plan Calcul, dont l'objectif était de se doter de supercalculateurs

1. Kirkpatrick Sale, *La Révolte luddite. Briseurs de machines à l'ère de l'industrialisation*, Paris, L'Échappée, 2023 [1995], p. 249.

2. Voir Thierry Vedel, « Les politiques des autoroutes de l'information dans les pays industrialisés : une analyse comparative », *Réseaux*, n° 78, 1996.

3. Voir Olivier Ezratty, « Les plans industriels des 30 Glorieuses », *Frenchweb.fr*, 29 août 2016 (frenchweb.fr) ; et les nombreux textes de Pièces et main-d'œuvre sur l'histoire et les méfaits des entreprises de l'Alliance Crolles-2.

français, dans une époque dominée par les grosses machines de l'américain IBM. Les objectifs de Macron et de la Commission européenne pour 2030 n'ont donc rien de nouveau ni d'original. Ils s'inscrivent dans une histoire longue de l'industrie et de la technocratie.

Cette histoire n'est pas seulement faite de plans d'actions et de dépenses (publiques et privées). Elle est en parallèle faite de rapports, de manifestes, de textes de prospective – certains connaissant un fort écho public, d'autres étant restés plus confidentiels. C'est dans cette tradition prospective que s'inscrit *Covid-19, la grande réinitialisation* de Schwab et Malleret en 2020 : celle d'intellectuels-technocrates, qui viennent alimenter le volontarisme des politiques d'industrialisation et d'informatisation en les faisant apparaître comme indispensables au regard de l'avenir *qu'eux* jugent inévitable. Les enquêteurs grenoblois de Pièces et main-d'œuvre ont de manière répétée attiré l'attention sur la tribune du père dominicain Dubarle, dans *Le Monde* du 28 décembre 1948 : « Vers la machine à gouverner… La manipulation mécanique des réactions humaines créera-t-elle un jour "le meilleur des mondes" ? », un texte dans lequel s'exprime un mélange de fascination et d'effroi devant les possibilités ouvertes par les premiers ordinateurs et les débuts de ce qui ne s'appelait pas encore l'« intelligence artificielle ». Plus récemment, Pièces et main-d'œuvre a exhumé un autre document d'étape significatif de la technocratie française datant de 1964 : le rapport « Réflexions pour 1985 » rédigé par Bernard Delapalme, avec le concours des membres de la commission de prospective du Plan, entre autres Jean Fourastié, Bertrand de Jouvenel et Pierre Guillaumat[1]. Ces réflexions annonçaient de

1. Voir Pièces et main-d'œuvre, « Guy Deniélou, l'inventeur du "règne machinal" (ou l'histoire d'une mutation forcée) », livraison du 27 avril 2022 sur <piecesetmaindoeuvre.com>, en particulier les pages 3 et 4. Jean Fourastié (1907-1990) est un économiste célèbre, au Plan et à l'OCDE, à qui on attribue généralement la création de l'expression « Trente Glorieuses ». Bertrand de Jouvenel (1903-1987) est le fondateur de la revue *Futuribles*, et un des pionniers de la prospective, après avoir écrit à 21 ans un plaidoyer pour *L'Économie dirigée* et s'être lourdement compromis avec l'extrême droite pronazie. Enfin, Pierre Guillaumat (1909-1991) est un ingénieur ayant travaillé pour les services secrets de la France libre, puis dirigé

manière brutale que le développement technologique aurait pour conséquences certaines la perte d'autonomie des individus et l'élimination de secteurs entiers de l'économie d'alors.

Bien plus connus – mais largement oubliés de nos jours – sont le best-seller de la prospective des Trente Glorieuses, *Le Choc du futur* d'Alvin Toffler[1] et, dans un style moins tapageur, le rapport Nora-Minc, « L'Informatisation de la société », demandé par le président Giscard d'Estaing en 1977 et vendu à 125 000 exemplaires dans les librairies françaises. *Le Choc du futur* de Toffler est un inventaire des innovations technologiques à venir. Certaines sont annoncées comme inéluctables, d'autres comme probables, d'autres encore comme seulement possibles. La seule certitude est que le monde des humains est en cours d'artificialisation hyper rapide. Il ne s'agit donc jamais de se demander quelles innovations sont souhaitables et lesquelles le seraient moins ou pas du tout, il s'agit d'organiser la société pour que les individus puissent s'adapter à un choc culturel permanent, au « vertige provoqué chez [eux] par la présence prématurée du futur[2] ».

> En modifiant notre rapport avec les ressources qui nous entourent, en amplifiant à l'extrême la portée du changement et, facteur décisif, en en accélérant le rythme, nous avons rompu de façon irréversible avec le passé. Nous avons coupé tous les ponts avec nos anciennes façons de penser, de sentir, de nous adapter. Nous avons préparé le terrain pour une société complètement nouvelle, et c'est vers elle que nous nous ruons[3].

Il y a du Schwab dans ce Toffler, non ? Le rapport de Simon Nora et Alain Minc sur l'informatisation est un document plus sobre et prudent, mais le principe est le même : nommer les tendances du

---

le Commissariat à l'énergie atomique ; le portrait de ce fondateur du programme nucléaire français, militaire et civil, est dressé dans la pièce de théâtre de Nicolas Lambert, *Avenir radieux. Une fission française* (Montreuil, L'Échappée, 2012).

1. Alvin Toffler, *Le Choc du futur*, Paris, Denoël, 1974 [1970].
2. *Ibid.*, p. 19.
3. *Ibid.*, p. 27.

présent pour anticiper l'avenir, afin d'indiquer des pistes de politiques publiques permettant d'y faire face au mieux, du point de vue ici de la puissance économique française et de la cohésion sociale.

> L'informatique explose. Une infinité de petites machines apparaissent, efficaces et peu coûteuses : elles pourraient être synonymes de liberté. À une technique élitiste succède une activité de masse. Dans le même temps, la télématique naît du mariage entre les ordinateurs et les réseaux de transmission. Cette convergence va demain culminer avec l'avènement des satellites universels qui achemineront images, données et sons.
>
> En percevant et en corrigeant à temps les déséquilibres que l'informatisation peut aggraver, les crispations et les blocages qu'elle risque de susciter, l'État permettra aux mutations nécessaires de se réaliser dans les dix prochaines années, sans amorcer la séquence « rigidité-explosion » familière à notre pays. C'est là un enjeu essentiel. Mais il est aussi limité. Même si ces politiques connaissent un succès raisonnable, elles n'auront que le mérite de maintenir ouvert un avenir à plus long terme, où se développeront à plein les vrais bouleversements de civilisation que peut apporter la révolution informatique[1].

Dans ce type de texte, le changement technologique est toujours considéré comme un donné : un cheval au galop qu'il s'agit pour la collectivité et ses dirigeants d'enfourcher, et de diriger là où ils le souhaitent.

> Dans les vingt prochaines années, nous verrons apparaître sur le marché des systèmes intelligents constitués non seulement par les microprocesseurs, mais aussi par de nouveaux types de senseurs,

1. Simon Nora & Alain Minc, « L'Informatisation de la société », Paris, La Documentation française, 1978, p. 17 puis 15.

> de capteurs et d'actionneurs, ainsi que par les fibres de verre et les lasers, le tout coordonné par des logiciels perfectionnés[1].

Le fait que ce sont largement des politiques industrielles, elles-mêmes pour partie inspirées de ces rapports-là, qui créent le changement incessant n'est jamais mentionné. Le ressort rhétorique de cette triste littérature d'anticipation est de laisser croire que le déferlement technologique doit nécessairement advenir (nécessairement signifie : qu'il ne peut pas en être autrement). Voyez aussi le rapport fondateur de la quatrième révolution industrielle, celui de la National Science Foundation états-unienne sur la convergence des nanotechnologies, biotechnologies, technologies informatiques et des sciences cognitives (NBIC) en 2002[2] : des possibilités inouïes s'ouvrent grâce aux premiers outils de manipulation de la matière à l'échelle nanoscopique ; elles vont se développer et tout bouleverser, donc … il faut les encourager – « il faut y aller à fond », comme dit Macron. Jusqu'à ce que les rapports suivants proposent d'aller encore plus loin.

Mais non, ce déferlement n'est pas un phénomène naturel, spontané, qui se présente à nous parce que ce serait « le cours de l'histoire ». Il est le fruit de la course des États à la puissance, de la course des entreprises au profit, de la fascination qu'exercent des outils qui semblent toujours permettre une gestion plus rationnelle – de la production, de la distribution, de la circulation, du quotidien, de « l'environnement », du corps humain, etc. Tant que cette course n'est pas perçue comme un problème et une impasse, tant que cette fascination n'est pas dénoncée comme une illusion, il ne peut en résulter que deux impératifs, qui se nourrissent l'un l'autre et que nourrit la lancinante prospective industrialiste : *il faut accélérer*, et *il faut s'adapter*.

1. Extrait du rapport du commissariat général du Plan de 1980, « La société française et la technologie », p. 29.

2. William Bainbridge & Mihaïl Roco, « Converging technologies for Improving Human Performances », National Science Foundation, 2002.

Le monde sans contact s'est d'abord installé sans contrainte

Le projet, à la fois industriel, politique et culturel, d'informatiser le monde n'a donc rien d'un complot. Il est absolument public, depuis des dizaines et des dizaines d'années. Même le fait que l'informatisation porte en son sein la surveillance électronique comme la nuée porte l'orage n'est pas véritablement dissimulé. Aux dénégations des gouvernants ou des entreprises à ce sujet succèdent les mises devant le fait accompli et autres scandales, type Snowden, qui ne révèlent que ce que tout le monde sait déjà, au moins en partie : les technologies de l'information et de la communication permettent de tout enregistrer, pour ensuite essayer de tout analyser et tout maîtriser – ce qui ne marche pas forcément, même si l'on voit bien que les outils destinés au contrôle des populations « s'améliorent » au fil du temps.

Surtout, l'informatisation de notre monde ne résulte pas seulement de politiques publiques volontaristes : avant-hier les supercalculateurs du projet Manhattan et de la guerre froide, hier le Minitel et les premiers efforts de câblage Internet, aujourd'hui la numérisation des services publics et le développement de l'intelligence artificielle tous azimuts (marketing, « santé », surveillance et guerre). À partir des années 1980-1990 , le grand projet industriel porté par des décideurs de haut niveau a fini par rencontrer l'enthousiasme de millions, voire de milliards de gens ordinaires. L'emprise du numérique sur la vie quotidienne que nous connaissons aujourd'hui résulte largement d'usages adoptés « librement » (c'est-à-dire sans contrainte physique ou légale) par des pans entiers de la population occidentale, puis du monde entier.

Dans la dernière annexe du rapport Nora-Minc de 1978, consacrée à l'informatique domestique, on pouvait lire cet aveu plein d'honnêteté : « À l'inverse de bon nombre d'applications dans lesquelles les utilisateurs expriment leurs besoins, dans le cas de l'informatique domestique, il n'y a pas à proprement parler de demande du public. L'utilisateur ne ressent ni n'exprime de besoins dans ce domaine[1]. » Le moins qu'on puisse dire est qu'à force de chercher, les technocrates du secteur public et des entreprises privées ont fini par les susciter, ces besoins ! Un torrent de nouveaux besoins impérieux, qui ont ceci d'extraordinaire qu'à peine inventés les moyens électroniques de les satisfaire, les consommateurs ne se souviennent plus du tout avoir connu une vie sans eux (sans les moyens et les besoins).

Passons sur les années 1980-1990 et les avancées, poussives vues d'aujourd'hui, de la micro-informatique et des jeux sur écran. La grande accélération, comme l'avait annoncé une publicité de France Télécom avant de devenir Orange, c'est l'an 2000 (« Nous allons vous faire aimer... »). C'est la généralisation du téléphone mobile en trois ou quatre ans autour de cette date, avec renouvellement « automatique » (mais choisi) tous les deux ans au plus ; c'est le remplacement de millions d'appareils photo argentiques par des appareils numériques, qui accompagnent l'intensification de l'usage des ordinateurs dans les foyers et qui seront à leur tour remisés au placard, quand arriveront les ordiphones à tout faire (et notamment des photos) à la fin de la première décennie du siècle. En même temps que des centaines de millions de personnes à travers le monde adoptent l'ordinateur de poche, elles ou d'autres encore se précipitent sur les réseaux sociaux fraîchement créés. Puis viendront les applications de rencontres amoureuses et de livraison à domicile.

Lors de chacune de ces étapes qui ont bouleversé en profondeur la texture du quotidien et des relations sociales, même intimes, aucune obligation formelle (administrative ou policière) n'a pesé sur les choix des premiers consommateurs. Ils se sont simplement conformés aux conseils flatteurs de la publicité, au désir d'imiter ceux qu'ils voyaient déjà convertis, à l'envie d'expérimenter ces possibilités nouvelles de repousser les contraintes du temps, de l'espace, de la limitation (en nombre ou en intensité) des contacts avec leurs semblables. Puis, une fois acquise l'adhésion plus ou moins enthousiaste d'une forte minorité, il devient difficile pour les autres de ne

1. C'est à la page 894 du rapport remis au président Giscard d'Estaing, dans le dernier chapitre du dernier document de la dernière annexe (le document contributif n° 10, « Les applications avancées de l'informatisation », rédigé par un certain Louis Joyeux).

pas être connectés par tous les pores (ports) : on a peur d'être ringard, les normes sociales changent, ne serait-ce que pour prendre un simple rendez-vous d'amis ; plus compliqué encore, on se fait mal voir du patron si l'on n'est pas toujours joignable et on perd des chances d'être embauché quand on cherche du travail. Comment traverser l'adolescence sans smartphone et sans compte Instagram, TikTok ou Snapchat, si tous ceux du lycée ou du quartier en ont ? Comment trouver l'amour sans site de rencontres, si telle est devenue la pratique d'un grand nombre de gens de son âge, si les moments de sociabilité réelle se réduisent, et si c'est surtout dans le monde virtuel qu'il devient légitime de chercher à attirer l'attention – de « faire des avances » ?

Alors, oui, petit à petit, le filet se resserre. Être connecté devient (jusqu'à un certain point) une obligation sociale, et peut finalement devenir une (quasi-)obligation politique ou administrative. Peut-être, en quelques années, les projets de « portefeuille d'identité numérique » vont-ils rendre aussi difficile de vivre sans smartphone qu'il l'est aujourd'hui de vivre sans aucune pièce d'identité en papier ? Mais rien de tout cela n'aurait été possible s'il n'y avait pas eu au préalable l'adhésion sans contrainte des centaines de millions de pionniers du portable, puis du smartphone. La numérisation des services publics, dans les pays industriels avancés, n'aurait pas été envisageable si une majorité de citoyens ordinaires de ces pays n'avait pas déjà un usage intensif d'Internet au quotidien, pour les loisirs, pour la consommation… L'introduction de systèmes de « crédit social » dans certaines villes d'Italie[1] ne serait pas pensable sans le succès des réseaux sociaux et les mentalités qu'ils ont façonnées depuis quinze ans, sans les habitudes prises par des millions de consommateurs de mettre des notes sur certaines applications qu'ils ont adoptées dans leur vie courante.

1. A la fin de l'été 2022, un passe du citoyen vertueux était lancé à Bologne et à Parme : une application sur laquelle les habitants peuvent recevoir des « bons points » s'ils trient bien leurs déchets, s'ils vont au musée, s'ils empruntent les transports en commun, s'ils ne reçoivent pas de sanction de la part de la municipalité, etc.

Prenons le QR code, symbole d'infamie pour une partie des citoyens occidentaux, révoltés par le dispositif du passe sanitaire qui a conduit beaucoup d'entre eux à se faire injecter les « vaccins » à ARN messager contre leur volonté. Les QR codes, sorte de timbres qui font la jonction entre le monde réel et l'espace numérique, avaient doucement commencé à fleurir autour de nous dans les années précédant l'épidémie de Covid. Il n'y en avait pas partout, mais leur présence sur quelques affiches publicitaires, certains documents administratifs, trahissait déjà la banalité de l'usage du smartphone pour beaucoup de contemporains, la possibilité de s'en servir à tout moment pour grappiller des informations en plus, les enregistrer, signaler à distance son intérêt pour ceci ou cela. On aurait pu penser que les polémiques autour du passe sanitaire faisaient une mauvaise publicité au QR code et que l'usage de ce type de code-barres aurait du mal à se développer après cette séquence. Mais au contraire, il n'y a jamais eu autant de QR codes que depuis l'apparition du passe ! Tout semble désormais passer par là, du paiement des impôts à la prise de commande au restaurant. Les usages commerciaux et administratifs ordinaires du QR code ont explosé en quelques mois, comme si le passage par le passe sanitaire avait achevé de les banaliser. Ici ce ne sont pas les usages « libres » qui ont préparé le passage à la société de contrainte[1], c'est plutôt l'usage contraint qui a permis le vrai décollage des usages « libres ».

Au final, que ce soit pour la reconnaissance faciale, les puces RFID, les algorithmes de tri de l'information ou l'ordinateur lui-même, il est bien difficile de dire si c'est l'usage répressif (voire militaire) qui prépare l'usage gestionnaire et commercial, ou si c'est l'inverse. Tantôt c'est l'un, tantôt c'est l'autre : les deux aspects se font en permanence la courte échelle dans une escalade conjointe où la liberté humaine est de toute façon perdante. Impossible d'affirmer avec certitude que la vraie finalité de telle innovation est policière ou qu'elle est capitaliste, on peut seulement être sûr qu'elle

1. Voir Pièces et main-d'œuvre, « Le règne machinal ou la mécanique du pouvoir », dans *Le Règne machinal, op. cit.*, p. 186-187.

fait progresser sur les deux fronts l'intégration des individus à la machine sociale, au fur et à mesure qu'augmentent les capacités d'enregistrement et de calcul. Qui plus est, ces perfectionnements sont en général inventés ou adoptés sans injonction autoritaire, « seulement » sous la pression des financeurs de la recherche scientifique, des offres commerciales et du mode de vie.

Et de même que le consommateur final adopte les tchats, la vidéo en ligne, le drone de jardin, en suivant la pub ou la mode plutôt qu'en subissant la répression policière, les administrations et les entreprises du monde entier se sont informatisées par choix autant que par contrainte. Certes, la pression de la concurrence ou des normes industrielles ont joué un rôle non négligeable, mais dans le monde du travail aussi, l'informatisation a été une mode et l'effet d'une croyance largement partagée dans les pouvoirs bénéfiques de la technologie. Chez les millions de chercheurs et de cadres ordinaires qui ont mis au point, promu ou adopté des outils de gestion informatique aux différents étages de leurs organisations, on retrouve la même fascination pour la haute technologie que chez les grands technocrates ou chez des consommateurs de base (qu'ils peuvent être en dehors de leur travail, bien sûr).

Dans son enquête sur l'innovation à la RATP[1], Julien Mattern montre que la billetterie électronique (effective depuis les années 2000) et l'automatisation de la conduite des métros (actuellement en expansion) sont des projets qui ont infusé pendant des dizaines d'années dans l'entreprise publique de transports franciliens. Dès les années 1960, alors que les applications pratiques sont seulement balbutiantes, un certain nombre de cadres de la régie étaient déjà « convertis à l'informatique » : Mattern en veut pour preuve le contenu des revues professionnelles lues par ces cadres, ou celui des « symposiums » consacrés à la cybernétique dans les chemins de fer,

1. Julien Mattern, *Sociologie critique de l'innovation technologique. Le cas de la télébillettique dans les transports publics parisiens*, thèse de sociologie présentée à l'université de Paris X-Nanterre, 2011. Voir notamment le chapitre III, « Brève histoire du projet télébillettique », p. 251 à 384, ainsi que le passage du chapitre VII consacré à « Télébillettique et néolibéralisme », p. 633 à 658.

à cette époque. Il souligne aussi la participation de plusieurs cadres de la RATP au grand colloque universitaire de Cerisy « L'homme devant l'informatique » en juillet 1970. Parmi eux, l'ingénieur Jean Schwebel, qui y fit une présentation de « la commande centralisée du réseau express régional » (RER), dans laquelle il considérait ce système comme le précurseur d'une « gestion complète de la ligne, englobant le trafic voyageur, l'ordonnancement du parc du matériel, la gestion du personnel d'exploitation et des ateliers. Ce système décisionnel pourrait être constitué par un ensemble d'ordinateurs de puissance moyenne, spécialisés par fonction, interconnectés et contrôlés par un ordinateur puissant[1]. »

Même quand, dans les années 1980, des critiques sont formulées, dans l'entreprise et à l'extérieur, contre l'automatisation de certaines tâches (comme le poinçonnage des billets) qui a supprimé de nombreux emplois et créé des problèmes d'insécurité sur le réseau, l'informatisation reste un horizon à la fois logique et libérateur. C'est le cas aussi bien pour la direction que pour des équipes de recherche et de management qui prétendent pourtant, à un niveau intermédiaire de l'entreprise, penser les dimensions sociales et culturelles du travail des salariés. En raison des pesanteurs et rivalités bureaucratiques entre les différents services de la RATP, l'innovation de la télébillétique (le passe Navigo) mettra encore deux décennies à émerger, mais jamais l'encadrement ne manifestera de réticence fondamentale devant une innovation qui permet d'alimenter les manies gestionnaires de toutes les organisations publiques ou privées du monde : produire de grandes quantités de statistiques sur le bien fabriqué ou le service rendu, chiffres qui donnent (ou semblent donner) des bases objectives pour rationaliser l'organisation, pour fixer le « juste prix » du produit, pour mesurer les gains de productivité ou de rentabilité et les présenter aux actionnaires, aux ministères, aux institutions de régulation de la concurrence, etc.

1. Citation tirée de François de Lionnais (dir.), *Révolutions informatiques* (actes du colloque de Cerisy « L'homme devant l'informatique »), Paris, UGE, 1972, p. 192.

L'informatique est un ensemble d'objets (*hardware*) et de programmes (*software*) qui donnent l'impression au bureaucrate de la grande organisation comme au jeune start-uper de maîtriser, et d'abord de mettre en ordre (*ordi*-nateur), la réalité mouvante sur laquelle ils travaillent. Ce fantasme de maîtrise rationnelle, dans la production, se conjugue avec l'espoir de délivrance des contraintes de la vie matérielle, dans la consommation, pour engendrer un véritable fétichisme des technologies numériques : celles-ci touchent à des aspects fondamentaux de l'imaginaire dominant de notre civilisation industrielle[1], et c'est aussi pour cela qu'elles font l'objet d'un investissement aussi extraordinaire, à la fois affectif et financier. Des technologies qui semblent à même de résoudre n'importe quel problème (logique ou concret) et de repousser indéfiniment les limites propres à la condition terrestre (comme le temps, l'espace ou la rareté) donnent aux individus et aux organisations sociales un sentiment de toute-puissance. Pas étonnant dès lors que tant de nos contemporains leur vouent une forme de culte[2], à tout le moins une adhésion irréfléchie, aveugle aux problèmes sociaux, sanitaires, politiques et écologiques que la numérisation pose très manifestement.

Des individus et des sociétés sous l'emprise du capitalisme numérique

S'il y a bien un projet, industriel et politique, d'informatisation porté avec détermination par des élites conscientes de leurs intérêts, ce projet a rencontré des aspirations beaucoup plus larges dans les sociétés capitalistes avancées : aspirations gestionnaires et

1. Sur l'imaginaire de la maîtrise (pseudo-)rationnelle, voir Cornelius Castoriadis, « L'époque du conformisme généralisé », dans *Le Monde morcelé*, *op. cit.*, p. 17-19 ; et « Spécificité et crise des sociétés occidentales », dans *Écrits politique (1945-1997), IV*, *op. cit.*, p. 112-122. Sur l'imaginaire de la délivrance, voir Aurélien Berlan, *Terre et Liberté. La quête d'autonomie contre le fantasme de délivrance*, Saint-Michel-de-Vax, La Lenteur, 2021.

2. Voir Philippe Breton, *Le Culte de l'Internet. Une menace pour le lien social ?*, Paris, La Découverte, 2000.

consuméristes, aspirations à la maîtrise et à la délivrance de certains maux (ou limitations) de la condition humaine, répandues dans les populations bien au-delà des cercles dirigeants, et au-delà de l'Occident.

La conjugaison de ce projet et de ces aspirations diffuses a d'ores et déjà produit un grand nombre d'effets inquiétants ou destructeurs. Il n'y a pas tant besoin aujourd'hui de scruter les signes d'une conversion des dirigeants américains ou européens à un totalitarisme politique, carcéral ou meurtrier « à la chinoise », que de prendre acte des formidables régressions sociales provoquées par vingt-cinq ans d'Internet dans les foyers et sur les ordinateurs mobiles. Il n'y a pas besoin d'attendre un régime de gestion de la pénurie par des applications et des passes pour crier à la dictature : il faut d'abord saisir ce que l'informatisation ordinaire nous a fait perdre comme pouvoir réel sur nos vies et de capacité de résistance au pouvoir des puissants. Et en tirer les conclusions qui s'imposent, dans notre quotidien comme dans les luttes sociales.

Nous avons aujourd'hui tout le recul nécessaire pour comprendre combien l'informatisation a renforcé le pouvoir du capital sur au moins trois fronts : la consommation, la concentration financière et l'organisation de la production. Sur le front consumériste, la micro-informatique connectée de masse a renforcé l'emprise des entreprises privées sur les esprits, les goûts et les actes d'achat. Elle a accru l'exposition des internautes à la publicité : aux logos et aux slogans vus dans les rues, les transports en commun et les vastes zones commerciales périurbaines s'ajoutent ceux des écrans d'ordinateur ou de téléphone, pendant les longues heures de navigation quotidienne (six à sept, pour beaucoup d'adolescents et de jeunes adultes) ; aux spots publicitaires de la radio et de la télévision s'ajoutent les vidéos vues sur Internet. Plus largement, le mode de vie connecté a donné naissance à un nouvel âge du marketing. Les capacités des entreprises à recueillir de l'information sur les centres d'intérêt des consommateurs et à en tirer des propositions commerciales ont été à la fois démultipliées et automatisées : analyses des recherches sur Google et des parcours sur le Web pour « profiler » les internautes ; étude des clics et des traces laissées sur les sites, mais également des propos tenus sur les réseaux sociaux, aussi bien pour dégager des « tendances conso » générales que pour envoyer des sollicitations ciblées aux particuliers ; traitement informatique des données recueillies aux caisses des grands magasins, en s'appuyant notamment sur les cartes de fidélité et la reconnaissance faciale.

> Le paiement par reconnaissance faciale qui se développe rapidement pourrait débarquer prochainement en France. Au Lab Carrefour-Google, sis dans le 13e arrondissement de Paris, on y travaille d'arrache-pied. Les deux groupes ont réuni des experts de l'intelligence artificielle [qui] s'appuient sur la technologie utilisée par Carrefour [en Chine : les acheteurs peuvent] payer au moyen de l'application WeChat grâce à la reconnaissance faciale et aux quatre derniers chiffres de [leur] numéro de téléphone. [...] Le groupe de restauration collective Sodexo a, lui, investi dans la société Aeye-Go, dont la technologie permet d'identifier tous les aliments posés sur un plateau et de payer par le biais de la reconnaissance faciale. Cette entreprise chinoise a déjà installé sa solution dans une cinquantaine de cantines scolaires, d'hôpitaux et de restaurants d'entreprise, dont le siège de Microsoft à Shangaï.
>
> [...] Le développement de l'informatique « intelligente » a également entraîné une automatisation croissante de l'allocation des budgets publicitaires, selon l'heure, le type de support, le public visé... Sébastien Garcin, ancien directeur marketing de L'Oréal, a conçu avec sa start-up Yzr un outil pour savoir quels étaient les leviers de communication les plus rentables. « On entre dans la machine toutes les publicités qui ont été faites sur les trois dernières années, la quantité de produits mis sur le marché, les promotions, le prix, les chiffres des ventes. Chaque média publicitaire a ses propres règles. La machine donnera en temps réel la rentabilité pour chacun d'entre eux ainsi que la répartition optimale des budgets », détaille M. Garcin. Les distributeurs n'ont pas attendu les start-up pour exploiter l'ensemble des données issues de leurs tickets de caisse. La société 3W.relevanC, du groupe Casino, agrège,

> brasse et utilise l'ensemble des données des factures des magasins et sites Internet du groupe (Monoprix, Leader Price, Franprix, Cdiscount, Sarenza...) et [les] monétise auprès des industriels de la grande consommation, [qui ont besoin de ces chiffres] pour le lancement d'une nouvelle gamme de produits, pour une campagne de publicité ciblée ou pour connaître un retour plus précis de leurs ventes en magasin. La carte de fidélité est le premier espion du dispositif[1].

Une part de bluff technologique peut il est vrai entrer dans ces dispositifs, mais si cela ne payait pas du tout, si toute cette « informatique intelligente » ne renforçait pas le conditionnement des consommateurs par les industriels, jamais elle ne se serait autant développée. Si elle ne renforçait pas l'emprise des entreprises sur la société, jamais Google et Facebook n'auraient fait de tels profits[2] alors que les services qu'elles rendent au grand public, rappelons-le, *ne sont pas en tant que tels payants.*

Prenons maintenant la puissance de la finance, avec ses investisseurs institutionnels et ses grandes banques capables de peser sur la conduite de la plupart des entreprises ou des États du monde. Le fait que l'informatique est une condition essentielle de cette puissance est rarement perçu et mentionné. Tout le monde est d'accord pour dire qu'à partir des années 1970, les places boursières se sont interconnectées à l'échelle mondiale, avec à la clé une croissance vertigineuse des transactions financières : celles-ci sont rapidement devenues beaucoup plus importantes que les transactions « réelles »,

1. Cécile Prudhomme, « Intelligence artificielle : des consommateurs sous surveillance », *Le Monde*, 22 juin 2019.

2. Pour Google, en 2021, 257,6 milliards de dollars de chiffre d'affaires, pour un bénéfice net de 76 milliards ; pour Facebook, la même année, 117,9 milliards de dollars de chiffre d'affaires, pour un bénéfice net de 3,4 milliards. Ces chiffres d'affaires sont inférieurs à ceux d'Amazon, qui fait payer ses livraisons ; mais les bénéfices sont supérieurs et trois à cinq fois plus importants que ceux du pétrolier français Total, par exemple. Voir Alexandre Piquard, « Des Gafa plus puissants que jamais », *Le Monde*, 20-21 février 2022.

industrielles et commerciales[1]. Parfois, on mentionne le perfectionnement des télécommunications et les gains de puissance des ordinateurs comme un élément de contexte de cette financiarisation de l'économie, mais c'est *en passant*. Or, les considérer comme la simple toile de fond des vraies causes, qui résideraient dans des décisions politiques et des évolutions économiques, est une erreur : sans progrès de la puissance des processeurs et de la vitesse des communications, pas d'unification des marchés de capitaux à court terme et long terme ; pas de déplacement de masses d'argent importantes d'un bout à l'autre du monde en un simple clic ; pas de possibilité de spéculer le même jour sur les obligations d'État du Brésil et de l'Italie, de mettre la pression en même temps sur la direction de Hyundai (Corée du Sud) et de Moulinex (Normandie).

Le rôle de l'accélération des transactions dans la croissance de la sphère financière est fondamental, comme l'illustre la diminution radicale du temps moyen de détention des titres boursiers (actions aussi bien qu'obligations) :

> Après la Seconde Guerre mondiale, un titre appartenait à son propriétaire pendant quatre ans. En 2000, ce délai était de huit mois. Puis de deux mois en 2008. En 2013, un titre boursier change de propriétaire toutes les 25 secondes en moyenne, mais il peut tout aussi bien changer de main en quelques millisecondes[2].

Et pour cause : il ne s'agit plus simplement d'une informatisation des transactions boursières, mais de leur automatisation. Autour de

1. D'après Dominique Plihon, auteur du *Nouveau Capitalisme* (Paris, La Découverte, 2016), les sommes échangées sur le marché des changes étaient deux fois plus importantes que la valeur du commerce mondial de biens et services en 1973 ; dix fois plus importantes en 1980 ; 50 fois plus importantes dans les années 1990 ; et cent fois plus importantes dans les années 2010 !

2. Ces chiffres viennent d'un rapport d'IBM, cité par Alexandre Laumonier dans son roman *6*, Bruxelles, Zones sensibles, 2013. Depuis dix ans, la vitesse des transactions a fini par stagner, voire légèrement ralentir, car elle avait atteint une limite physique. Mais le degré de volatilité et de déconnexion avec la réalité des échanges commerciaux reste extraordinaire.

2015, ce sont plus de 70 % des échanges sur les marchés financiers boursiers qui étaient exécutés par des programmes d'ordinateur, dont la finalité est d'optimiser le rendement des transactions possibles à l'échelle du monde. Comme disait le marketeur de l'Oréal et Yzr cité plus haut, on rentre dans la machine les cours des actions de toutes les entreprises cotées dans toutes les bourses, les montants de toutes les obligations d'État avec leurs taux d'intérêt et le montant des dettes publiques correspondantes, les cours de toutes les monnaies et matières premières de la planète, les notes des agences spécialisées, les indices de conjoncture des instituts publics et des cabinets de conseil privés, quelques éléments sur l'historique (pas trop ancien) des marchés, et hop ! il en sort une feuille de route des achats et ventes pour... les minutes à venir, qui sera ajustée en temps réel au fil de la journée, en fonction des succès effectivement remportés et des pertes malencontreusement constatées.

Ainsi, le pouvoir de BlackRock, aussi bien que celui de HSBC ou de la BNP ne sont pas dissociables de l'infrastructure technologique qui a permis l'accumulation de leur richesse, laquelle réside d'ailleurs pour une part importante dans des lignes de code, les signes monétaires n'ayant souvent plus de contrepartie physique. Derrière les programmes d'austérité budgétaire imposés aux gouvernements par les gestionnaires d'épargne, derrière les exigences de rentabilité des actionnaires, comme les fonds de pension, qui mettent sous une pression extrême des salariés, voire provoquent des « licenciements boursiers », il y a bien des acteurs en chair et en os qui défendent leurs intérêts de classe et qui ont été servis par tout un ensemble de réformes politiques depuis cinquante ans, mais il y a aussi la puissance de calcul et de transmission des ordinateurs, des réseaux et des logiciels, qui donnent concrètement leur (surplus de) pouvoir à ces acteurs.

Enfin, le rôle des technologies de l'information et de la communication doit être également souligné dans le déploiement de formes d'organisation du travail qui ont grandement contribué à la précarisation des salariés et à la baisse de leurs capacités de mobilisation contre les directions d'entreprise. Trop souvent considérée comme une simple mode managériale dans les années 1980, l'architecture de l'entreprise en réseau était le signe d'une réorganisation de grande ampleur de l'industrie, ouvrant aux dirigeants des groupes la possibilité de déplacer les différents segments de leur production à l'endroit du monde où les coûts salariaux et le niveau de combativité sociale sont optimaux pour eux. Bien sûr, ce mouvement était déjà amorcé avant Internet, mais son développement a radicalisé les tendances des décennies précédentes : le capital peut enfin mettre en concurrence les travailleurs de (presque) partout, en s'affranchissant des dispositifs de redistribution organisés à l'échelle nationale. Les moyens de production, les produits intermédiaires et les produits finis peuvent être déplacés extrêmement facilement – par air, par mer, par route, le tout coordonné par électronique. Les salariés, eux, ne peuvent pas suivre : les machines partent en Roumanie ou en Chine, mais les ouvriers lorrains ne peuvent ni aligner leur salaire sur les standards chinois ni migrer en Roumanie…

Au XXIe siècle, un même groupe industriel peut avoir sa direction à Londres, des centres de recherche à Munich et Sophia-Antipolis, des usines affiliées en Turquie ou en Tunisie, des pièces de haute précision fabriquées par des PME en concurrence entre elles dans le nord de l'Italie, l'agence de marketing à Chicago, le centre d'appels pour la *hotline* à Bombay et les fiches de paie éditées en Pologne. Plus besoin de ces grandes concentrations de main-d'œuvre telles qu'on en voyait dans les années 1960-1970, où la conscience et l'organisation des travailleurs avaient un temps effrayé les élites économiques d'Italie, de France ou d'Angleterre : aujourd'hui, l'informatique permet de gérer de manière efficace une chaîne de production décentralisée, faite d'établissements, de filiales ou de sous-traitants dispersés aux quatre coins du pays et du monde. En comparaison avec l'époque où Ford, Renault et Fiat employaient 40 000 personnes sur un même site, les ordres de la direction circulent peut-être mieux à travers les réseaux, et la possibilité pour les milliers d'employés dispersés de percevoir et faire valoir leurs intérêts communs semble nettement plus faible.

Confusion mentale et idéologique. Complotisme bête et méchant. Précipitation de la catastrophe écologique. Emprise accrue des entreprises et de leurs procédés de conditionnement sur les consommateurs. Affaiblissement des défenses des travailleurs au profit des managers et des actionnaires… J'ai bien conscience de dresser, au fil de cet essai, un bilan lourdement à charge de la numérisation des sociétés humaines, mais je n'exagère rien. Je ne fais que m'attacher aux tendances qui dominent notre réalité de manière de plus en plus frappante et qui, trop souvent, ne sont pas prises au sérieux, encore moins reliées entre elles. Et il y aurait encore tant à dire pour faire un tableau exhaustif de ce qui constitue une extraordinaire régression anthropologique.

Je pourrais m'attarder sur les questions très préoccupantes de santé posées par les écrans – notamment chez les plus jeunes – et par la prolifération des ondes électromagnétiques. Je pourrais parler en détail des dégâts sociaux causés par la numérisation des services publics et l'informatisation du travail, ou encore des dommages infligés à la mémoire, au langage, à la liberté, par l'usage massif des prothèses numériques. Mais je me bornerai, pour refermer ce chapitre, à quelques considérations complémentaires sur la concentration du pouvoir et la perte d'autonomie des individus entraînées par cette formidable addiction collective. Je veux ici insister sur le pouvoir acquis en quelques années par les géants du numérique que sont notamment les Gafam, mais aussi les grandes entreprises chinoises (Alibaba, Huawei…) ou européennes (Orange, Free…) qui leur correspondent ou leur courent derrière.

Ce n'est certes pas la première fois dans l'histoire du capitalisme que de nouveaux acteurs se hissent en peu de temps aux sommets du système économique et acquièrent une taille démesurée. La deuxième révolution industrielle, autour de 1900, avait ainsi engendré les premiers géants du pétrole, de l'électricité et des télécommunications, que certains États avaient jugé bon de scinder en plusieurs entités pour limiter la concentration et les monopoles. Il me semble toutefois que les Gafam se situent au-delà du pouvoir économique et industriel des autres grands groupes, et au-delà des capacités d'influence indirecte que ceux du passé ont pu avoir sur la société[1]. Nous sommes confrontés à un pouvoir plus directement politique, plus à même de modeler la société, à la fois par le haut et par le bas.

Par le haut : les dirigeants des Gafam prennent l'habitude d'intervenir très directement hors de leur domaine classique de compétition et de compétence. Les dirigeants de Google peuvent venir de l'appareil d'État américain (défense ou renseignement) ou y retourner, tout en gardant une place importante dans l'actionnariat de l'entreprise[2]. Ils écrivent des livres qui prétendent modestement donner forme au futur de l'humanité et, de fait, certains de leurs employés – tel Ray Kurzweil – participent à des recherches sur la fusion entre tissus organiques et matières minérales, entre ordinateurs et cerveaux. De son côté, Bill Gates, au nom de la philanthropie, joue un rôle de plus en plus important dans des domaines fort éloignés de son « cœur de métier » informatique : la santé, à travers l'OMS, le fonds mondial pour la vaccination Gavi, le parrainage de programmes d'éradication d'épidémies en Afrique ; et l'agriculture, avec les investissements de sa fondation en faveur de la modernisation des méthodes de culture, de la génétique et de la robotique, là encore surtout en Afrique[3].

Elon Musk, lui, est en position de force dans des industries aussi différentes que la voiture électrique, l'information et l'Internet par satellite. La Nasa, agence spatiale d'État qui a autrefois organisé des expéditions humaines sur la Lune, recourt actuellement aux installations de Musk pour lancer ses satellites parce qu'elles paraissent les plus performantes. Le PDG de Tesla et

1. Les pages 295 à 309 du *Manifeste conspirationniste* (*op. cit.*), consacrées à l'histoire de la fondation Rockefeller et de son action, depuis un siècle, viennent il est vrai partiellement contredire cette affirmation.

2. Jared Cohen devient PDG de Google Ideas après avoir travaillé au département d'Etat américain sous les présidences Bush et Obama, notamment sur le « contre-terrorisme ». Eric Schmidt, lui, fut PDG de Google pendant la décennie 2000 avant de devenir président du conseil d'administration, et de travailler pour le Pentagone à partir de 2016. Ensemble, ils ont publié *À nous d'écrire l'avenir* (*op. cit.*).

3. Voir Lionel Astruc, *L'Art de la fausse générosité. La Fondation Bill et Melinda Gates*, Arles, Actes Sud, 2022.

Twitter n'hésite pas à prendre des initiatives diplomatico-militaires dans les conflits géopolitiques en cours, mettant à disposition de l'Ukraine les satellites de Starlink et émettant des avis d'expert sur les négociations à mener avec la Russie et la Chine pour préserver la paix mondiale, au point de provoquer un certain agacement dans l'appareil d'État de son propre pays[1]. Quant à Mark Zuckerberg, il avait également causé une certaine stupeur chez les dirigeants des États-nations en annonçant, en 2019, que Facebook comptait bientôt battre monnaie – prérogative régalienne s'il en est. Depuis, ce projet semble avoir été remisé (provisoirement ?) et Zuckerberg paraît se concentrer avant tout sur les projets de réalité virtuelle, comme le suggère le changement de nom de son entreprise-mère, devenue Meta.

Il s'agit cette fois d'un projet de remodelage de la société « par le bas », au sens où le métavers se veut une intervention massive sur la perception du monde par les individus, à même de créer littéralement un univers parallèle. Et le problème est que cette intervention a déjà commencé, à la croisée du volontarisme des industriels et de l'enthousiasme de centaines de millions d'humains de par le monde, pour qui l'écran de smartphone s'interpose toujours plus entre eux et la réalité concrète. On peut le constater chaque jour, en prenant les transports en commun dans tous les pays occidentaux et a fortiori en Asie : un grand nombre de gens se préservent largement du contact avec les autres en se plongeant des heures durant dans le monde parallèle d'Internet et des fichiers enregistrés dans leur ordiphone ; certains le consultent dès leur réveil, avant tout autre geste, regardent la météo annoncée sur leur « interface » avant d'avoir mis le nez à la fenêtre, ne s'imaginent plus prendre rendez-vous dans un lieu inconnu sans en avoir les coordonnées GPS. Un évènement qui se produit devant eux n'accède à l'existence que s'ils l'ont filmé et diffusé sur les réseaux sociaux.

1. Arnaud Leparmentier, « De l'Ukraine à Taïwan, l'agaçant généralissime Elon Musk », *Le Monde*, 15 octobre 2022.

Les confinements (notamment le premier) ont fait apparaître ce qui était seulement latent jusque-là : l'accès au monde, au sens du *monde commun* de Hannah Arendt, est en cours de privatisation, de piratage, d'accaparement par les fournisseurs d'accès à Internet. Par fournisseurs d'accès, j'entends aussi bien les entreprises qui assurent la connexion que celles qui conçoivent et réalisent l'architecture logicielle des ordiphones. Nous sommes peut-être face à un nouveau phénomène d'enclosures[1], portant non plus sur l'enjeu matériel de l'accès aux terres et aux moyens de subsistance, mais sur l'enjeu mental de l'accès au réel. Cette privatisation de l'accès au monde vient couronner les dépossessions successives de notre autonomie. C'est une dépossession de notre capacité à penser par nous-mêmes, à nous représenter les choses, à *imaginer*, au sens d'avoir nos propres images intérieures – condition me semble-t-il de toute créativité. Sans doute cela avait-il commencé avec la télévision ; et sans doute, plus généralement, les pertes d'autonomie politique et économique se sont-elles toujours doublées d'une perte d'autonomie culturelle, que ce soit pour la classe ouvrière quand elle fut saisie par la société de consommation, pour les paysans privés de terre et poussés vers les villes, pour les chasseurs-cueilleurs privés de leurs espaces, de leurs ressources et de leur cosmos… Mais précisément, l'ampleur de l'attaque en cours sur tous les plans doit se mesurer à la *radicalisation de notre dépendance mentale à l'ère du smartphone.*

Cette question de la dépendance me semble nodale, car elle sous-tend tous les phénomènes de surveillance, de contraintes administratives ou politiques, de possibilités effrayantes de marquage des corps par les implants informatiques. Il nous faut donc la creuser et la mettre en perspective pour saisir pleinement la situation où nous nous trouvons aujourd'hui.

1. Les enclosures sont les barrières que mettaient les aristocrates anglais autour des champs communs ouverts qu'ils s'appropriaient, entre le XVIe et le XVIIIe siècle, pour pouvoir y installer des élevages à but commercial. J'y reviens dans le chapitre final.

CHAPITRE V

Mieux qu'un complot, un système de domination sociale… sous haute tension

La dépendance de la famille à l'égard des professionnels, sur lesquels elle n'a guère de contrôle, ne constitue qu'un exemple d'un phénomène plus général, à savoir l'affaiblissement de l'initiative et de la compétence courante, dû à la croissance d'entreprises géantes et de l'État bureaucratique qui les sert. Les grandes sociétés et le gouvernement contrôlent à présent une si grande partie des connaissances nécessaires à la survie que l'image qu'avait Durkheim de la société – « mère nourricière », source de tous les bienfaits – coïncide de plus en plus avec l'expérience quotidienne qu'en ont les citoyens. Le nouveau paternalisme n'a pas remplacé la dépendance personnelle par une rationalité bureaucratique […], mais bien par une nouvelle forme de sujétion à la bureaucratie. Ce que les spécialistes en sciences humaines voient comme un réseau sans fin d'interdépendance représente, en fait, l'assujettissement de l'individu à l'organisation, du citoyen à l'État, du travailleur au directeur, et du parent aux « professions de l'assistance ».

Christopher Lasch, *La Culture du narcissisme*, 1979

> *Le danger des fabriques de cadavres et des oubliettes consiste en ceci : aujourd'hui, avec l'accroissement démographique généralisé, avec le nombre toujours plus élevé d'hommes sans feu ni lieu, des masses de gens en sont constamment réduites à devenir superflues, si nous nous obstinons à concevoir notre monde en termes utilitaires. Partout, les évènements politiques, sociaux et économiques conspirent en silence avec les instruments totalitaires élaborés pour rendre les hommes superflus. [...] Les solutions totalitaires peuvent fort bien survivre à la chute des régimes [nazi et bolchevik], sous la forme de tentations fortes qui surgiront à chaque fois qu'il semblera impossible de soulager la misère politique, sociale et économique d'une manière qui soit digne de l'homme.*
>
> Hannah Arendt, *Les Origines du totalitarisme*, 1951

On le voit bien avec la numérisation de la société : il n'y a pas de complot, au sens d'une stratégie cachée, secrète. Il suffit juste de prendre au sérieux ce qui est annoncé par des scientifiques, des capitaines d'industrie, des consultants et autres intellectuels mercenaires, par les hommes et les femmes d'État depuis soixante-dix ans : la vie sur terre doit être ramenée à un stock d'informations gérables, pour pouvoir la rationaliser. *La société doit être informatisée*, au sens où Carthage devait être détruite par les Romains (*Carthago delenda est*). Tous les communiqués officiels le disent, tous les programmes électoraux, presque toutes les publicités. *Cela ne peut pas être moins dissimulé.* Par contre, cela pourrait et devrait être interrogé par celles et ceux qui souhaitent un autre ordre social : d'où vient donc cette détermination et cette constance des élites industrialistes à mécaniser, automatiser, numériser ? Quels effets cela produit-il sur nos existences et sur notre capacité à rendre effectives liberté, égalité, fraternité ? Et par quels moyens pourrait-on s'opposer à cela ?

Il n'y a pas de complot, il n'y a qu'une volonté farouche, forcenée et multipolaire de poursuivre le développement industriel et la course à la puissance. Voilà qui est suffisamment alarmant quand on mesure les dégâts provoqués par *deux siècles de Progrès sans merci*[1], voilà qui est déjà remarquablement *transgressif, immoral et meurtrier*[2]. Or, bien que les visions critiques de l'ensemble du processus d'industrialisation restent marginales en Occident comme ailleurs, quelque chose de cette transgression, de cette immoralité absolue, de cette atmosphère de meurtre induite par le choix de poursuivre le développement *quoi qu'il en coûte*, est perçu par une partie des populations, de manière diffuse et confuse. La peur de manquer, la rage de pouvoir perdre un niveau élevé de confort se mélangent aux craintes qu'inspirent l'effondrement écologique, la fuite en avant du système, les sacrifices qui vont être exigés des individus pour que se maintiennent – se renforcent – les sociétés de masse.

Une des raisons pour lesquelles il n'y a pas *un* grand complot, *une stratégie unifiée* de gestion des populations à l'échelle du monde, est que plusieurs puissances, dont les intérêts divergent de manière assez importante, sont en lutte pour l'hégémonie mondiale. Dans un contexte de pénuries à venir des ressources, partout les pouvoirs politiques et militaires sont en phase de réorganisation : ils cherchent les bonnes alliances, les échelles pertinentes sur lesquelles se (re)déployer, les manières les plus efficaces de tenir leurs populations par temps agité. Par contre, ces puissances ont en commun un système économique, le capitalisme industriel, qui présente certes des variantes locales, mais a pour moteur universel l'approfondissement de la dépendance des êtres humains : depuis deux siècles et demi, la richesse des nations et des multinationales s'accumule à mesure que travailleurs et consommateurs deviennent plus hétéronomes, incapables de vivre sans les biens et services de l'industrie.

Tout en ayant conscience que l'économique ne détermine pas complètement le politique et le militaire – bien qu'il pèse

1. Allusion au film et au livre de Jean Druon, *Un siècle de progrès sans merci. Histoire, physique et XX*[e] *siècle*, Montreuil, L'Échappée, 2009.

2. Sur cette notion de transgression morale du développement industriel et scientifique, voir les réflexions importantes de Jean-Marc Royer, dans *Le Monde comme projet Manhattan*, *op. cit.*, p. 218-231, puis p. 244-255.

lourdement sur eux –, je vais revenir dans ce chapitre sur cette histoire du *capitalisme comme approfondissement de la dépendance*. En me focalisant principalement sur cet aspect, je vais nécessairement simplifier, négliger des points en eux-mêmes non négligeables, mais mon but est ici de resituer l'étape par laquelle nous sommes en train de passer avec la numérisation à tout-va et la quatrième révolution industrielle, et de mettre en évidence la continuité avec les étapes précédentes du système économique moderne. Si légitime soit le sentiment de dépossession radicale et brutale qui saisit de nombreuses personnes ces dernières années, il peut nourrir conspirationnisme et nationalisme quand les dépossessions en cours ne sont pas mises en perspective avec des évolutions, des coups de force et des renoncements antérieurs – qui éclairent les épreuves que nous traversons et allons traverser.

L'ABC DU CAPITAL : TOUJOURS OUVRIR DE NOUVEAUX MARCHÉS

L'idée que je veux ici défendre est donc que le moteur de la croissance et du profit, en économie capitaliste, est l'approfondissement de la division sociale du travail et de la dépendance des personnes vis-à-vis de la production industrielle. Comme cette vision n'est pas très courante, il me faut l'expliquer aussi simplement que possible. Pour ce faire, partons du phénomène, plus évident, de la marchandisation des sociétés modernes.

Toute une tradition d'analyse économique accorde une place centrale à la marchandisation, c'est-à-dire l'ouverture et l'invention permanente de nouveaux marchés, dans la dynamique du capital. Pas seulement au sens où les livres pour enfants peuvent constituer un « nouveau marché » pour un éditeur ayant initialement accumulé de l'argent en vendant des romans de gare, mais surtout au sens où un nouveau type de produit peut être créé soit par l'innovation technologique, soit par la marchandisation d'une activité jusque-là gratuite parce qu'accomplie dans le cadre de la famille, d'une communauté de village ou de quartier, voire d'un service public. Au début du XXe siècle, les entreprises américaines qui se mettent à vendre des céréales pour le petit-déjeuner, fabriquées avec des restes de denrées agricoles destinées au bétail, créent un nouveau marché, car jusque-là, personne ne payait dans un magasin pour avoir cela. Quand elle apparaît dans les années 1990, la téléphonie mobile est un nouveau marché à la fois pour les producteurs de matériel électronique et pour les compagnies téléphoniques. Quand dans les années 2000 des sociétés proposent de recourir à leurs services pour trouver des enseignants à domicile en soutien scolaire ou des femmes de ménage, c'est un nouveau marché du point de vue capitaliste parce que, jusque-là, ces transactions monétaires faisaient suite à des petites annonces ou à des recommandations personnelles ; et elles se faisaient d'ailleurs le plus souvent « au noir ».

Comme le formule de manière limpide la socialiste allemande Rosa Luxemburg (1870-1919) dans les cours du soir qu'elle proposait à des ouvriers berlinois au début du XXe siècle, le capital a constamment besoin d'un milieu non capitaliste pour poursuivre son expansion. Il doit coloniser de nouveaux espaces géographiques et sociaux – c'est-à-dire y introduire la logique marchande-industrielle –, sans quoi les profits et la croissance économique réalisés dans les espaces où cette logique règne déjà seront insuffisants. À son époque, Luxemburg est surtout sensible au phénomène de l'impérialisme, à la colonisation des pays du Sud par les nations du Nord, où le capitalisme industriel est le plus développé. Elle met ainsi les conquêtes coloniales des pays européens au compte de ce besoin d'extension des rapports marchands à des contrées où ils sont peu développés. Selon elle, ce qui se joue pour une bonne part en Algérie (sous domination britannique), en Inde (sous domination anglaise), en Chine (agressée et humiliée à plusieurs reprises par les puissances occidentales entre 1839 et 1900), c'est une lutte du système capitaliste contre ce qu'elle appelle « l'économie naturelle » et « l'économie paysanne ». C'est l'introduction, par la violence, des rapports marchands et des produits industriels au détriment de relations sociales traditionnelles, parfois synonymes d'oppression, mais souvent aussi d'autonomie économique.

> Le capital se heurte de prime abord au fait que sur des territoires immenses de la surface exploitable de la terre, les forces productives sont enchaînées dans des formations sociales ne pratiquant pas l'échange ou la vente parce que les formes économiques ou la structure sociale l'interdisent. C'est le cas notamment de la terre avec ses richesses minérales, ses prairies, ses forêts et ses eaux, et enfin du bétail pour les peuplades primitives pratiquant l'élevage. Si le capital devait se fier à la décomposition interne de ces structures économiques, il faudrait des siècles. [...] Le capitalisme en conclut la nécessité de s'emparer par la force des moyens de production les plus importants des pays coloniaux. Mais les liens traditionnels primitifs des indigènes constituent le rempart le plus puissant de leur organisation sociale et la base de leurs conditions matérielles d'existence ; le capital se donne donc pour première tâche la destruction systématique et l'anéantissement des structures sociales non capitalistes auxquelles il se heurte dans son expansion. Ce n'est plus là de l'accumulation primitive, car ce processus se poursuit encore aujourd'hui. Chaque expansion coloniale nouvelle va naturellement de pair avec la lutte acharnée du capital contre la situation sociale et économique des indigènes qu'il dépouille par la force de leurs moyens de production et de leurs forces de travail[1].

Dans des pages évocatrices, Rosa Luxemburg décrit l'expropriation des paysans indiens et la destruction des formes de propriété collective en Algérie par la pression fiscale et par des lois qui privent cultivateurs ou éleveurs de leurs moyens d'existence (pâturages, forêts et taillis, terres communales). Elle s'attarde également sur les coups de force ayant permis l'ouverture de la Chine au commerce avec l'Occident, la création de « ports libres » et de « concessions

1. Rosa Luxemburg, *L'Accumulation du capital. Contribution à l'explication économique de l'impérialisme*, Marseille-Toulouse, Agone-Smolny, 2019 [1913], p. 382-383.

de chemins de fer » contrôlés par des sociétés européennes et américaines dans l'empire du Milieu. Surtout, ne se limitant pas au registre de l'indignation devant les abus et les crimes de la colonisation du XIXe siècle, elle donne des éléments pour penser l'avancée des rapports marchands aux dépens des pratiques d'autosusbsistance dans les pays les plus avancés sur le chemin de l'industrialisation.

Ainsi, le chapitre intitulé « La lutte contre l'économie paysanne » porte sur les États-Unis et la manière dont y ont progressé, au fil du XIXe siècle, la séparation de l'agriculture et de l'artisanat, la dépendance des paysans vis-à-vis de l'argent et des produits de l'industrie, et par là même leur « disponibilité » pour le travail salarié, en usine ou dans des bureaux. Non sans avoir rappelé que cette paysannerie américaine indépendante s'était constituée sur la ruine ou l'extermination des Indiens, Rosa Luxemburg cite longuement le rapport de 1891 d'un sénateur, dirigeant de la Farmers' Alliance :

> [il y a cinquante ou cent ans,] les fermiers étaient dans une grande mesure des artisans, [...] ils fabriquaient eux-mêmes une grande partie de ce dont ils avaient besoin dans la vie quotidienne. Chaque fermier avait une collection d'outils à l'aide desquels il fabriquait des instruments en bois tels que des fourches, des pelles, des manches de pelles et de charrues, des moyeux de voitures et une foule d'autres ustensiles. En outre, le fermier produisait le chanvre et le lin, la laine des moutons et le coton. On travaillait ces fibres à la ferme même, on les filait et les tissait. De même, les vêtements et le linge étaient confectionnés à la maison, tout cela pour la consommation domestique. Dans chaque ferme, il y avait un petit atelier destiné aux travaux de charpente, de menuiserie et de mécanique. Dans la maison même se trouvait un métier à carder et à tisser ; on tissait les tapis, les couvertures et on faisait toute la literie sur place. [...] En hiver, le froment, la farine, le maïs étaient apportés au marché [qui] était parfois éloigné de 100 ou 200 miles. On y achetait pour toute l'année suivante de l'épicerie, certaines étoffes et autres marchandises semblables. On trouvait parfois parmi les fermiers des artisans spécialisés. Pour fabriquer une voiture à la ferme, il fallait un ou deux ans.

> [...] Si nous regardons le présent, nous constatons un changement presque universel. [...] Le fermier vend son bétail et achète de la viande fraîche ou du lard, il vend ses cochons et achète du jambon ou de la viande de porc, il vend ses légumes et ses fruits et les rachète sous la forme de conserves. S'il cultive du chanvre, il bat le chanvre au lieu de le filer, de tisser de la toile et de confectionner du linge pour ses enfants [...]. Sur cinquante fermiers, un seul peut-être élève des moutons ; les autres comptent sur les grandes fermes d'élevage et achètent la laine toute prête sous forme d'étoffes ou de vêtements. Le costume du fermier n'est plus cousu à la maison mais acheté à la ville ; au lieu de fabriquer lui-même les outils dont il a besoin, fourches, pelles, etc., il achète à la ville le manche de sa hache ou de son marteau, les cordes et les ficelles et autres marchandises de ce genre [...] ; il achète aujourd'hui presque tout ce qu'il produisait autrefois, et pour tout cela il lui faut de l'argent[1].

Ainsi, alors que le sous-titre de *L'Accumulation du capital* est *Contribution à l'explication économique de l'impérialisme*, Rosa Luxemburg éclaire-t-elle tout autant la dynamique de ce qu'on a appelé la « société de consommation ». Elle attire notre attention sur le fait que le recul des pratiques d'autoproduction et d'autoconsommation est aussi notable dans les sociétés colonisées du Sud que dans les sociétés industrialisées et colonisatrices du Nord, et que c'est un ressort fondamental du capitalisme moderne.

Des populations toujours plus dépendantes de la production industrielle

Effectivement, ce phénomène d'extension de la sphère marchande n'est pas périphérique ou transitoire. Il n'est pas associé à une seule phase historique du capitalisme, il en est au contraire un ressort permanent. C'est l'autre face de la spécialisation sociale vantée par

1. *Ibid.*, p. 411-418.

Adam Smith comme source de la croissance économique et de la « prospérité des nations » : la production devient plus efficace et il y a plus d'échanges puisque, tendanciellement, chaque individu, au lieu de lambiner dans une économie domestique (communautaire) « improductive », se spécialise sur un segment du travail de la société[1] et paie pour obtenir tout ce dont il a besoin pour vivre. De paysan-artisan, on deviendra donc charpentier, voire ouvrier spécialisé d'une usine de charpentes ; on pourra aussi devenir comptable, salarié d'une entreprise particulière, ou comptable indépendant au service d'autres entreprises qui n'ont plus à s'occuper elles-mêmes de leur comptabilité ; on sera grossiste de la distribution, vendant aux consommateurs des produits venant de partout, et plus tard salarié des entrepôts d'Amazon ; et pourquoi pas encore : consultant spécialisé dans la gestion des ressources humaines (embauches et débauches) ou concepteur d'outils informatiques de marketing pour aider des groupes déjà gigantesques à mieux maîtriser les achats de leur clientèle[2].

On se spécialise, voire on se taylorise, du côté de la production ; et on devient complètement dépendant de la production industrielle (souvent sans même y penser) du côté de la consommation. Aussi bien d'un point de vue économique que d'un point de vue politique et culturel, le capitalisme est une machine à confisquer de l'autonomie, des savoir-faire, des capacités d'auto-organisation. Sans qu'il faille y voir un projet politique ou une stratégie globale d'élites dirigeantes se succédant au fil des siècles, *il tourne à la mise sous dépendance des individus, des foyers, des communautés.* Celle-ci est d'abord un effet de système, dont le ressort est l'intérêt de chaque entreprise particulière à rendre ses acheteurs dépendants d'elle.

Aux débuts de l'industrialisation, il est toutefois arrivé que des membres des élites dirigeantes formulent de manière explicite la dépendance matérielle des populations comme une nécessité

1. Voir le chapitre sur la division du travail, au début d'Adam Smith, *La Richesse des nations*, tome 1, Paris, Flammarion, 1991 [1776].

2. Allusion à l'ancien marketeur de L'Oréal ayant créé sa start-up et un logiciel d'analyse de l'impact des publicités, que l'on a rencontré à la fin du chapitre précédent.

politique. Pour être précis : il est arrivé que certains disent ouvertement que l'autosuffisance des paysans était une perspective catastrophique pour leurs intérêts. Ainsi, au moment de libérer les paysans russes du servage, autour de 1860, les nobles chargés par le tsar Alexandre II de rédiger le projet de loi à ce sujet n'envisageaient pas un instant de leur attribuer des lots de terre suffisants pour assurer la subsistance de leur famille :

> Il n'est pas possible de donner la terre aux paysans en quantité telle qu'ils aient une sécurité de vie totale. Le paysan [...] doit se souvenir que son travail propre est son principal gagne-pain, et par conséquent [...], une attribution trop généreuse de terre se révélerait lui être moralement néfaste, en le dispensant d'attacher du prix à son travail[1].

> Jamais les membres du comité de rédaction [de la loi de 1861] les plus favorables au paysan n'ont eu l'idée de lui donner assez de terres pour qu'il n'eût plus besoin de travailler en dehors de son champ. Que seraient, dans ce cas, devenues les propriétés laissées à la noblesse, et par quelles mains eussent-elles été cultivées ? Où le commerce, où l'industrie, comme la grande propriété, y eussent-ils pris les bras dont ils avaient besoin[2] ?

Quelques années plus tôt, en Guyane, les propriétaires de plantations de canne à sucre et les administrateurs de la colonie française faisaient face aux mêmes angoisses et en tiraient les mêmes mots d'ordre. Là-bas, l'abolition de l'esclavage en 1848 avait brièvement débouché sur la formation d'une paysannerie sans maîtres et autosuffisante sur le plan alimentaire, après des décennies voire des siècles de disettes et de souffrance. Au bout de trois ans, le gouverneur par intérim et grand propriétaire, Vidal de Lingendes, se plaint

1. Extrait d'un journal de la noblesse terrienne, cité par Yves Barel, dans *Le Développement économique de la Russie tsariste*, Paris-La Haye, Mouton, 1968, p. 132.

2. Anatole Leroy-Beaulieu, *L'Empire des tsars et les Russes*, Paris, Hachette, 1897, tome I, p. 544.

amèrement de cette nouvelle économie vivrière : « C'est en effet avec la production des denrées coloniales qu'on charge les navires, qu'on féconde les rapports avec la métropole, et qu'on enrichit les colons de toutes les classes. » Le préfet apostolique de Guyane, quant à lui, rappelait aux esclaves affranchis leurs devoirs envers leurs anciens maîtres et envers la collectivité nationale :

> Vous êtes comme nous membres de la grande famille humaine, et vous devez comme nous unir vos travaux, vos fatigues et vos succès pour la prospérité et le bonheur de la mère patrie. Lui refuser le tribut d'efforts qu'elle est en droit d'exiger de vous, [...] ce serait un crime, ce serait prouver à l'univers que vous étiez indignes de la liberté et que vous méritiez de porter toujours les chaînes de l'esclavage[1].

Et pour punir les affranchis de leur « individualisme », l'administration met en place tout un appareil de sanctions : envoi en « ateliers de discipline » de tous ceux qui cultivent sans titre de propriété ou sans contrat de travail ; impôt inversement proportionnel à la surface des propriétés, afin d'empêcher la transmission des petits lopins au sein de la population noire. En prime, des milliers de migrants d'Afrique, de Chine et d'Inde sont amenés en Guyane et embauchés pour des salaires de misère sur les plantations et dans les mines d'or, qui deviennent le nouveau moteur de l'économie d'exportation. Quelques décennies plus tard, la dépendance du territoire guyanais sur le plan économique est à nouveau complète, ce qui est tendanciellement resté le cas jusqu'à aujourd'hui :

> Pas de jardins ; les légumes se vendent à un prix exorbitant. Pas d'arbres fruitiers [...]. Et pour trouver les mangues si renommées de Cayenne, il faut aller maintenant à la Martinique. [...] La mer, les rivières, possèdent une grande quantité de poisson ; mais il y vit très

1. Les deux citations sont tirées de la fresque de Denis Lamaison, « Une terre or et sang : brève histoire populaire de la Guyane française », *Z, op. cit.*.

> tranquille, et on mange la morue [...] qui vient de Terre-Neuve. La Guyane a d'immenses savanes où le bétail pourrait prospérer [...]. Mais il n'en est rien, [...] pour alimenter [en] viande de boucherie la ville de Cayenne, [on est] obligé d'aller à grands frais chercher dans l'Orénoque et au Pará des boeufs [...]. Les neuf dixièmes de la Guyane sont couverts d'immenses forêts et, pour les constructions qu'on y élève, on fait venir par navires des bois de sapins de l'Amérique du Nord[1].

> [La colonie] achète au-dehors tout ce dont elle a besoin pour son alimentation [...] et la farine dont elle fait son pain, et la viande qu'elle mange et le vin qu'elle boit. Elle ne vend en retour qu'une marchandise unique, le métal jaune sous la forme de poussière ou sous la forme de lingots[2].

Répétons-le, cette lutte du capital contre l'économie naturelle et paysanne n'a pas du tout été réservée aux colonies ou aux contrées éloignées de l'Europe. Elle a aussi eu pour théâtre le Vieux Continent lui-même, et ceci pendant des siècles – pendant la longue période de gestation-maturation de la révolution industrielle. Dans le panorama passionnant qu'elle dresse de cette période, l'historienne américaine Carolyn Merchant signale, par exemple, des conflits entre paysans et seigneurs autour de l'usage des moulins à partir du XIIIe siècle. À cette époque, les seigneurs européens n'étaient pas, peu s'en faut, des capitalistes, et on était (très) loin du décollage industriel de 1800, ainsi que de la situation d'hétéronomie radicale de la Guyane en 1900. Pourtant, en obligeant les villageois et les métayers à utiliser les gros moulins à eau qu'ils avaient construits au bord des fleuves et en prélevant une taxe sur leur utilisation, ces seigneurs travaillaient à la perte d'autonomie des « manants » et à la naissance d'une économie plus monétarisée. Ils poussaient (ou

1. Jules Brunetti, *La Guyane française, souvenir et impression de voyage*, 1890, cité dans Denis Lamaison, *ibid.*

2. Propos du député Jules Léveillé, dans le *Journal officiel de la République française*, 11 mai 1898, cité dans Denis Lamaison, *ibid.*

obligeaient) les paysans à délaisser leurs propres outils, et à vendre une partie de leur production pour pouvoir payer la redevance du moulin seigneurial. Ce qui n'alla pas sans heurts :

> Les seigneurs prenaient garde à ce qu'aucun moulin concurrent ne soit érigé sur les terres manoriales, mais il était bien plus difficile d'interdire aux paysans d'utiliser des meules manuelles chez eux. Les meules manuelles perdurèrent jusqu'aux XVIIIe et XIXe siècles dans les régions privées de cours d'eau conséquents, mais également par sécurité pour parer aux gels hivernaux, aux sécheresses estivales et aux états de siège. Ainsi les meules manuelles clandestines faisaient-elles de la concurrence au moulin seigneurial.
>
> [...] Plusieurs documents différents fournissent la preuve que durant des siècles, les seigneurs ont tenté d'oblitérer l'usage des meules manuelles par les serfs. Ainsi, dans l'Angleterre du XIIe siècle, des représentants de la seigneurie, chargés de mettre à exécution le droit du seigneur à imposer la loi, faisaient irruption dans les maisons et, à grand renfort de décrets stipulant que « les hommes ne sont pas autorisés à posséder des meules manuelles », fracassaient ces meules illégales. Dans le Hertfordshire, en 1274, des artisans avaient non seulement refusé d'utiliser le moulin à eau manorial pour moudre le grain, mais également le moulin à foulon du seigneur qui servait à battre le tissu. Leurs meules ainsi que d'autres matériaux furent saisis et détruits et des poursuites judiciaires furent engagées à leur encontre. Un second soulèvement de manants, en 1326, exigeait des droits de meulage domestiques ; quatre-vingts meules furent mises en activité dans des maisons de paysans et de métayers pour être confisquées cinq ans plus tard. Puis, en 1381, une insurrection ouverte réclama une charte locale autorisant l'utilisation de meules manuelles, mais cette fois, la défaite vint d'une loi royale qui interdisait l'utilisation des meules domestiques[1].

1. Carolyn Merchant, *La Mort de la nature. Les femmes, l'écologie et la révolution scientifique*, Marseille, Wildproject, 2021 [1980], p. 93-94.

Toute la fin du Moyen Âge, toute la Renaissance et l'époque des Lumières sont marquées par ce bras de fer entre les habitudes d'autonomie matérielle (et parfois politique) des couches populaires et la volonté expropriatrice des puissants. Les motifs de cette volonté d'exproprier les paysans de leurs capacités d'autosubsistance peuvent varier dans le détail d'un pays (d'une région) à l'autre, d'une période à l'autre, selon aussi que les expropriateurs sont des nobles à l'ancienne ou des propriétaires-entrepreneurs nouvelle manière. Mais dans toute l'Europe, les pauvres voient constamment leurs usages collectifs de la terre attaqués, quand ils n'en sont pas simplement chassés ; partout, les droits à ramasser le bois ou la tourbe pour se chauffer, à glaner dans les champs après les récoltes, à faire paître les bêtes là où cela convient à la communauté – ces droits coutumiers sont menacés ou supprimés.

L'aspect le plus connu de ce processus de confiscation est la clôture des terres communales, en Angleterre, par des seigneurs et propriétaires désireux de développer un élevage à vocation commerciale, pour la vente de la laine notamment. Ce mouvement des enclosures (d'après le terme anglais) commença autour de 1600 et s'accéléra au XVIIIe siècle, grâce aux lois votées au Parlement pour l'encourager. Cela faisait dire à Karl Marx que le cri de guerre des nobles en quête d'enrichissement était : « Transformation des terres arables en pâturages » ! Mais en réalité, l'inverse pouvait aussi bien arriver : des pâturages villageois pouvaient être transformés en propriétés privées destinées à des cultures commerciales. C'est ainsi que de nombreux projets d'assèchement de fagnes, marais et étangs, au nord de Londres, aboutirent à la confiscation d'espaces indispensables à la subsistance des communautés paysannes, au profit de cultures commerciales de colza, d'avoine, puis de betteraves et pommes de terre. Les fagnes[1] étaient jusqu'au XVIIe siècle abondamment peuplées de poissons et de gibier qui fournissaient quantité de

1. « La région des fagnes en Angleterre [...] était, au Moyen Âge, une région de marais, d'étangs et de prairies, reliés par des canaux ouverts. Durant les étés secs, [la fagne] offrait des pâturages sur ses rives, alors qu'elle était presque entièrement recouverte d'eau pendant l'hiver » (*ibid.*, p. 108).

nourriture aux habitants des alentours ; ceux-ci utilisaient également les abords des étangs comme pâturages d'été, ce qui permettait de laisser les prairies proches du village se régénérer pendant la saison sèche. Ces subtils équilibres entre usages populaires et milieu naturel furent bousculés, puis balayés, par la multiplication des projets de drainage, assèchement et clôture des marais. Comme souvent, « dégâts écologiques » et régression sociale se conjuguèrent, dans la mesure où ces projets d'ingénierie et d'expropriation contribuaient à la prolétarisation de nombreux paysans.

> Si la terre tombe entre les mains d'un petit nombre de grands fermiers, les petits fermiers [i.e. les petits propriétaires et tenanciers vivant, avec leurs familles, du produit de la terre qu'ils cultivent, et des moutons, volailles, porcs qu'ils conduisent sur les communaux] – ces petits fermiers seront transformés en autant de gens forcés de gagner leur subsistance en travaillant pour autrui et d'aller acheter au marché tout ce dont ils auront besoin. Il s'effectuera peut-être plus de travail, parce que l'on sera davantage contraint de travailler… Les villes et les manufactures grandiront, parce que l'on y chassera davantage de gens en quête d'emploi[1].

> Pillage des biens d'église, aliénation frauduleuse des domaines de l'État, vol de la propriété communale, transformation usurpatoire de la propriété féodale […] en propriété privée moderne, menée à son terme avec un terrorisme impitoyable : autant de méthodes idylliques de l'accumulation initiale [du capital]. C'est par elle que furent conquis les champs pour l'agriculture capitaliste, que la terre fut incorporée au capital et que fut créé pour l'industrie des villes l'apport nécessaire en prolétariat exploitable à merci[2].

1. Richard Price, *Observations on Reversionary Payments*, tome II (1803), cité par Karl Marx, *Le Capital*, livre I, Paris, PUF, 1993 [1867], p. 817.
2. Karl Marx, *ibid.*, p. 824-825.

Une fois des masses suffisantes de populations dépossédées de leurs moyens de subsister et, par là, rendues dépendantes des emplois proposés par la grande industrie, celle-ci connut l'extraordinaire développement que l'on sait. Mais au bout d'un temps, ce développement déboucha sur le problème majeur de l'économie moderne : comment écouler les prodigieuses quantités de biens produits par les usines ? Comment rentabiliser les énormes investissements réalisés pour appliquer les progrès de la science à la production ? Dès la deuxième moitié du XIXe siècle, le cours du capitalisme était jalonné de crises de surproduction spectaculaires, et les observateurs les plus avisés de ce système économique voyaient nettement que ces crises ne pouvaient que se multiplier et s'amplifier. La Grande Dépression des années 1930 acheva de clarifier le problème : la *production de masse*, fondée sur les gains de productivité permanents qu'entraîne le progrès technique, ne valait pas la peine si on ne lui trouvait pas au fur et à mesure des débouchés – si l'on ne pouvait mettre en face d'elle une *consommation de masse.*

Il fallait absolument des acheteurs pour les voitures, les appareils ménagers fonctionnant à l'électricité, les divers produits de l'industrie chimique, les sous-produits de la mécanisation agricole. Il fallait même, idéalement, des consommateurs sensibles à la mode, susceptibles de changer de garde-robe régulièrement, de renouveler volontiers leur aménagement intérieur, de toujours payer pour un nouveau film, un nouveau disque. Cela ne se fit pas en un jour. Il fallait pour cela que les entreprises rémunèrent mieux leurs salariés et que les États redistribuent une part des revenus, de façon qu'il y ait assez de consommateurs solvables. Et il fallait aussi créer le besoin là où il ne préexistait pas – créer le comportement de consommateur, créer la dépendance aux produits de l'industrie.

Ce fut la grande révolution culturelle du XXe siècle, la grande entreprise de séduction du capital. Elle a maintes fois été décrite dans d'excellents ouvrages, dans des romans et des films[1], je ne

1. Par exemple, Vance Packard, *L'Art du gaspillage*, Paris, Calmann-Lévy, 1962 [1960] ; Stuart Ewen, *Consciences sous influence. Publicité et genèse de la société de consommation*,

m'étendrai donc pas à ce sujet, pas plus que je ne m'étendrai sur les nombreuses tentatives d'opposition à la marchandisation et à la falsification de la vie qui jalonnèrent ce siècle[1]. Je me concentrerai sur la poursuite du recul de l'autonomie matérielle des foyers, des communautés de base. Même dans les villes d'Europe en 1950 (ou des États-Unis en 1920), même dans les familles non paysannes où la subsistance reposait déjà de plus ou moins longue date sur l'argent gagné par un travail (salarié ou « indépendant »), les gens faisaient encore tant de choses « par eux-mêmes ». C'est-à-dire non pas « tout seuls », mais au contraire dans les relations humaines du quotidien, sans passer par la médiation de l'argent ou de la bureaucratie : créer des jeux ou fabriquer des jouets, inventer des chansons, réparer des objets de la vie courante, accoucher ou mourir à la maison – et donc préparer ensemble les naissances ou s'occuper du corps des défunts –, faire ses conserves et ses produits de nettoyage…

On peut bien sûr discuter des heures pour savoir si, globalement ou sur tel point de détail, c'était mieux ainsi ou mieux maintenant. Ce qui est indéniable, c'est que c'était une vie moins administrée par les grandes organisations, moins programmée par les spécialistes du marketing et des relations publiques. Ce qui distinguait les riches, c'est qu'en général ils étaient assistés pour répondre à tous leurs besoins ; les gens du commun, du peuple, eux, ne payaient pas pour *faire faire* tout ce qui leur semblait nécessaire, utile ou précieux. Ils n'en avaient pas les moyens, et pas toujours non plus le goût. Exploités dans la sphère du travail, ils avaient souvent une forme d'autonomie dans la vie pratique et dans la sociabilité. Sans doute la sphère domestique était-elle traversée de rapports de domination personnels, en premier lieu entre hommes et femmes, mais la domination impersonnelle du marché, de la technologie et de

Paris, Aubier, 1983 [1976] ; Pier Paolo Pasolini, *Écrits corsaires*, Paris, Flammarion, 2018 [1975] ; les films de Jacques Tati, notamment *Playtime*.

1. Voir parmi d'autres Theodore Roszak, *Naissance d'une contre-culture*, Saint-Michel-de-Vax, La Lenteur, 2021 ; Alice Gaillard, *Les Diggers. Révolution et contre-culture à San Francisco*, Montreuil, L'Échappée, 2014 ; Miguel Amorós, *Les Situationnistes et l'anarchie*, Villasavary, La Roue, 2012.

l'État sur cette sphère a-t-elle aboli ces rapports-là ? Ils subsistent, alors qu'une grande part des solidarités de voisinage et de l'indépendance culturelle des couches populaires ont, elles, disparu.

La répétition *ad nauseam* des publicités racoleuses, l'autorité de la science et les propositions généreuses des services sociaux ont poussé les citoyens des pays industrialisés à déléguer toujours plus de tâches du quotidien. Les rapports marchands et la bureaucratie publique ont petit à petit grignoté la sphère familiale et personnelle ; il est devenu désirable et absolument normal de tout acheter, et de faire chaque chose de la vie conformément aux conseils des spécialistes. C'est l'âge du supermarché – au XXIe siècle, de l'hypermarché. Même avec un regard critique sur le consumérisme, on peine à réaliser combien il est étonnant d'en être arrivé au stade du centre commercial Leclerc, de ces hangars gigantesques où l'humain profondément déqualifié et dépendant peut trouver pour ainsi dire *tout* ce qui peut lui servir. Des objets la plupart du temps laids, fragiles et nuisibles, au moment où on les fabrique comme au moment où on les jette. Corollaire : aux États-Unis, cela fait plusieurs décennies que (presque) personne ne se fait plus à manger. Les Américains consomment avant tout des repas préparés par d'autres, et c'est bon pour les chiffres de la croissance, parce que contrairement aux repas faits chez soi ou chez des proches, cela « crée de la valeur marchande ». La société française, notamment dans les grandes villes, évolue rapidement vers ce modèle. On va se faire manucurer ou vernir les ongles des pieds dans des boutiques spécialisées en la matière, pendant la pause déjeuner du travail, pour « gagner du temps ». Et on dépense des sommes astronomiques en « médicaments », consultations et examens médicaux, parce que peu de personnes ont encore un minimum de connaissances de leur corps et de remèdes simples – de moins en moins de personnes, aussi, ont un médecin de famille qui les connaît bien et ne pousse pas à la surconsommation d'examens et de produits pharmaceutiques.

Nous en étions là, autour de l'an 2000, du processus de dépossession induit par la dynamique du capitalisme et de la société moderne. À la dépossession des moyens de production, avant et pendant l'industrialisation, s'était ajoutée la dépossession de la vie quotidienne dans ses aspects matériels et culturels, avec la société de consommation. Avec la numérisation galopante des vingt dernières années, nous voici entrés dans une nouvelle étape, qui ne rompt nullement avec les tendances observables aux étapes précédentes mais les approfondit. Car la société numérique reste une société de consommation et elle est plus que jamais une société industrielle. Ce que la numérisation produit sous nos yeux, c'est une radicalisation de notre dépendance vis-à-vis du système industriel. Comme on l'a vu à la fin du chapitre précédent, il s'agit cette fois d'une prise en charge directe de notre vie mentale, intérieure, par le capital – ce complexe d'argent et de machines.

Il ne suffisait pas aux couches dirigeantes de nous voir déjà ballottés entre la pression du travail, la peur du chômage, l'aliénation à la voiture, aux supermarchés et aux loisirs organisés. La classe des technocrates autoproclamés *créatifs* – chercheurs, informaticiens, marketeurs et publicitaires, hauts fonctionnaires en pointe dans la promotion du développement industriel durable – a décidé qu'il fallait aussi nous greffer des prothèses électroniques. Nous ne parlons pas ici d'un hypothétique puçage des êtres humains, qui pourrait advenir... ou pas. L'essentiel, une nouvelle fois, est déjà sous nos yeux : c'est l'addiction invraisemblable aux écrans et aux réseaux sociaux, l'ordiphone portable vissé à l'oreille ou à l'avant-bras de beaucoup de contemporains, la vie pratique et affective dès aujourd'hui colonisée par les interfaces graphiques et les algorithmes des diverses plateformes. Comme si nos vies étaient encore trop compliquées à organiser nous-mêmes, alors que nous répondons à si peu de nos besoins essentiels sans sortir notre porte-monnaie. Comme s'il était indispensable de déléguer une fois de plus nos prérogatives élémentaires à la machine sociale, le paradoxe étant que même des personnes désireuses de se réapproprier un certain nombre de savoir-faire élaborés (artisanaux, agricoles...) sont aspirées par l'usage de ces technologies qui, en apparence, leur « facilitent tellement la vie ».

Une époque apocalyptique, mais pas vraiment unique

Ainsi, la quatrième Révolution industrielle promue par les intellectuels organiques du capitalisme – style Schwab, Schmidt, Attali, Yuval Noah Harari ou Laurent Alexandre – ne constitue pas une brusque rupture dans une histoire globalement heureuse de la modernité et de la démocratie. Évidemment, prétendre qu'elle est la poursuite logique du développement technique de l'être humain depuis le paléolithique, comme le font les apologistes susnommés, est tout aussi mensonger. Il s'agit plutôt d'un nouveau moment de la lutte multiséculaire entre des tendances concurrentes de l'histoire humaine : entre hétéronomie et autonomie culturelle, entre centralisation et décentralisation économique, entre État et démocratie directe, entre technique autoritaire et technique démocratique. En l'occurrence, nous sommes en train de vivre une nouvelle offensive de ce que Lewis Mumford appelle la technique autoritaire[1] au service de l'hétéronomie mentale et culturelle, de la concentration du capital et de la centralisation du pouvoir politique.

La mise sous perfusion électronique des esprits humains, la construction de l'Internet des objets, l'usage de l'intelligence artificielle, l'assistance technologique à la reproduction[2], et les tentatives d'hybridation homme-machine : toutes ces innovations prolongent et radicalisent les tendances lourdes du capitalisme historique depuis plusieurs siècles, en poussant plus loin la confiscation de leur autonomie aux individus. Elles induisent un nouveau mouvement des enclosures, qui ne porte pas cette fois sur les terres cultivables,

1. Lewis Mumford, *Technique autoritaire et Technique démocratique*, Saint-Michel-de-Vax, La Lenteur, 2021 ; pour un développement plus ample de la vision historique de cet auteur, lire *Le Mythe de la machine. Technique et développement humain*, Paris, Éditions de l'Encyclopédie des Nuisances, 2019 [1966].

2. Sur cet aspect fondamental de la marchandisation, voir le numéro 65 de la revue *Écologie & politique*, *Les enfants de la Machine*, coordonné par Mathias Lefèvre et Jacques Luzi ; Pièces et main-d'œuvre, *Alertez les bébés ! Objections aux progrès de l'eugénisme et de l'artificialisation de l'espèce humaine*, Seyssinet-Pariset, Service compris, 2020 ; et Céline Lafontaine, *Le Corps-marché. La marchandisation de la vie humaine à l'ère de la bioéconomie*, Paris, Le Seuil, 2014.

mais sur le corps et l'esprit humain. Il s'agit de rendre indispensable la médecine de pointe pour avoir des enfants, et les écrans d'ordiphone incontournables pour entrer en communication avec ses semblables, trouver des activités et des moyens de survivre, s'informer sur le monde et se sentir inscrit dans la société (ou dans une tribu). Précisons que même si une puissance publique soucieuse de « l'intérêt général » prenait le contrôle des fournisseurs d'accès à l'Internet, même si ceux-ci n'étaient pas des tycoons privés assoiffés de profit, mon diagnostic resterait le même : l'informatisation de nos vies est un processus de confiscation-dissolution du monde commun organisé par la technocratie, classe d'experts voués à la poursuite du développement industriel. Pour ces gens-là qui travaillent tantôt pour l'État, tantôt pour le capital privé, la dépendance accrue des individus vis-à-vis de la machine sociale n'est pas un problème, parce qu'ils sont les gestionnaires en chef de cette machine et que leur pouvoir sur la vie des autres s'accroît à mesure que la machine grandit et se sophistique.

Notre époque n'est donc pas vraiment unique, même si elle est sans précédent. Elle est dans la continuité directe d'un processus historique en cours depuis la fin du Moyen Âge, en particulier depuis la première révolution industrielle : le recul de l'autonomie matérielle des personnes, des communautés, des peuples, qui a neutralisé les perspectives d'émancipation dont était aussi porteuse, indéniablement, l'époque moderne. Ce qu'il y a d'unique dans notre époque, c'est bien sûr le risque que la terre devienne inhospitalière à la vie, y compris des humains. Mais gardons en tête qu'il est arrivé de nombreuses fois, par le passé, que des groupes, des sociétés dévastent leur milieu naturel en exerçant une pression trop forte, trop longtemps, sur les ressources disponibles[1]. Dans le tableau que Carolyn Merchant dresse du Moyen Âge européen, on voit bien que, même au XIIIe siècle, certaines sociétés paysannes pouvaient exercer une pression trop forte sur les forêts et les terres

1. Voir Jared Diamond, *Effondrement. Comment les sociétés décident de leur disparition ou de leur survie*, Paris, Gallimard, 2006.

arables. Dans ces cas-là, le milieu naturel peut se reconstituer, mais c'est après des famines, des épidémies, des guerres meurtrières, bref grâce à une baisse considérable de la population. Donc, ce qui est vraiment inédit aujourd'hui, ce n'est pas que des humains soient à la merci d'un tragique ajustement démographique, voire d'une disparition de leur société, c'est que le problème écologique – qui est à la fois démographique et politique – se pose à l'échelle du monde. La société industrielle est peu ou prou une société-monde, elle n'a en tout cas épargné aucune vaste étendue de la terre. Le climat, par exemple, semble en cours de dérèglement et de réchauffement partout sur la terre.

C'est cette dimension universelle qui donne son atmosphère apocalyptique à l'époque, suscitant de nombreux délires, des fièvres d'irrationalité, parce que le sentiment du danger imminent et total met la raison en faillite. Dans ce climat de catastrophes et d'annonces de catastrophes, le complotisme, avec ses simplifications outrancières et ses focalisations trompeuses, ne peut que prospérer. Il prospère là où les projets de radicalisation de notre dépendance à la machinerie industrielle sont particulièrement voyants et frappants, mais ne sont pas resitués dans une grille de lecture politique telle que celle que je propose ici. Il prospère aussi parce que la société de masse capitaliste est prise dans une contradiction, qui rend souvent la situation confuse, peu lisible : d'un côté, cette société a besoin d'intégrer encore plus étroitement les individus à son fonctionnement machinal ; de l'autre, comme on l'a vu au troisième chapitre, elle n'a plus besoin d'autant de monde pour fonctionner, une partie de ses membres sont devenus superflus. Du point de vue de la rentabilité, il n'y a pas besoin de plusieurs milliards de travailleurs en pleine santé physique pour assurer la production de masse d'aujourd'hui ; il n'y a pas non plus assez de consommateurs solvables dans cette population mondiale en expansion. Puis, la croissance démographique pose la question des ressources disponibles sur terre, pour que tout le monde mange, boive et dispose des artefacts, entre autres électroniques, qui sont apparemment devenus indispensables à l'existence humaine.

Voilà aussi pourquoi on sent de l'électricité dans l'air. Il y a une tension dans les actes mêmes de la technocratie internationale, entre volonté de (sur)intégrer tout le monde et tentation de délaisser une partie, possiblement importante, des populations. Bill Gates espère-t-il intégrer des millions d'Africains pauvres à sa mondialisation, en les étouffant de sa sollicitude par des vaccins dernier cri et une identité électronique ? Ou souhaite-t-il plutôt « s'en débarrasser » en introduisant les technologies de l'agriculture 4.0, qui chassent la majorité des paysans restants de leurs terres ? L'élite macronienne veut-elle en priorité intégrer les populations défavorisées à sa modernité connectée, en les éduquant à toute force au tout-numérique, ou son projet social est-il mieux résumé par le soin qu'elle met à chasser ces populations des centres-villes, qui deviennent réservés aux très riches et aux locations Airbnb, au point qu'on peut se demander où les gens modestes vont pouvoir encore habiter en France ? Que faut-il comprendre ? À quoi peut-on s'attendre ? C'est cette tension, ce brouillage, que j'ai voulu mettre en exergue en associant, en ouverture du chapitre, la citation de Lasch sur l'hyperdépendance du citoyen-consommateur moderne et celle de Hannah Arendt sur les « solutions totalitaires », qui peuvent tenter les sociétés industrielles dans un contexte de surpopulation.

Pour compléter la grille de lecture que j'ai proposée de la situation actuelle, je rajouterai brièvement deux choses, qui ne sont pas follement originales mais méritent d'être rappelées. La première est que les grandes catastrophes et les guerres sont particulièrement favorables au franchissement d'étapes cruciales dans la mise sous dépendance des populations. On a pu s'en faire une idée assez claire avec la « crise du Covid », occasion formidable de faire sentir à chacun sa faiblesse, sa vulnérabilité et son besoin de prise en charge totale par l'État, la Science et la Technologie. L'histoire du XXe siècle, elle, montre que les guerres mondiales, puis la guerre froide, ont favorisé des reculs en cascade de l'autonomie des populations, permis des sauts scientifiques et technologiques inouïs, poussé à la concentration économique et au gigantisme industriel, à des interventions inédites et sans retour de l'État dans l'économie et dans la société, désertifié les campagnes et rempli les villes… Aucun Forum de Davos, aucun groupe Bilderberg ou aucune fondation Rockefeller n'avait planifié la destruction de la paysannerie en Occident pour accélérer la naissance de quelque chose comme une société de consommation ; mais *il se trouve que* le choc des impérialismes et la puissance de destruction des armes fabriquées grâce aux « progrès » de la Science ont eu pour effet mécanique de vider les campagnes et, par là, de bouleverser l'agriculture, les valeurs dominantes de la société, les habitudes de la vie quotidienne, etc.

Deuxième élément important à souligner : même si – même là où – la paix civile se maintient, la volonté farouche des oligarchies de prolonger le développement industriel va entraîner des attaques de plus en plus violentes contre les conditions de vie des populations, y compris en Occident. Pour réaliser le programme de la transition énergétique, il faut par exemple, au cœur des vieilles nations industrialisées, couvrir les territoires de mines[1], d'éoliennes géantes, de parcs photovoltaïques et même (c'est ce qui est annoncé en France) de nouvelles centrales nucléaires. Cela signifie un saut supplémentaire d'ampleur dans l'artificialisation, la pollution, les sécheresses, le recul des espaces où peuvent se cultiver des fragments d'autonomie matérielle et culturelle. Cela signifie, à brève échéance, un rapprochement des situations vécues par des millions d'Occidentaux avec ce que n'ont jamais cessé de subir les paysans et citadins d'Amérique centrale, d'Afrique noire, d'Indonésie, etc.[2] C'est ce qui fait dire aux auteurs de la maison d'édition La Roue que les luttes de territoire constituent un renouveau de la lutte des classes au XXIe siècle[3]. Certains combats essentiels à l'avenir pour-

1. Voir Celia Izoard, « Nous n'avons pas besoin d'ouvrir des mines en Europe », *Reporterre*, 26 octobre 2022 (reporterre.net).

2. Voir les nombreux exemples donnés par Veronika Bennholdt-Thomsen & Maria Mies dans *La Subsistance. Une perspective écoféministe*, Saint-Michel-de-Vax, La Lenteur, 2022 ; ainsi que par Anna Bednik dans l'article « Luchas grandes. Histoires croisées de résistances à des projets miniers en Amérique du Sud », *Z*, *op. cit.*

3. Voir *Le Gouvernement par la peur au temps des catastrophes*, Villasavary, La Roue, 2013 ; et *La Lampe hors de l'horloge*, Villasavary, La Roue, 2014.

raient ainsi ressembler aux luttes préindustrielles, quand les villageois et autres manants d'Europe défendaient leurs habitats, leurs champs communs, leurs cours d'eau, contre des projets de seigneurs et d'entrepreneurs qui impliquaient la destruction de ce milieu de vie nourricier.

Le déchaînement de projets industriels qui se prépare ne trouvera-t-il face à lui que de l'apathie, du désespoir, et des lubies identitaires ou complotistes ? Ou rencontrera-t-il aussi des résistances consistantes, dans des populations s'efforçant de récupérer des capacités d'autosubsistance et de coopération à la base de la société ?

Conclusion

Ce n'est pas en recalculant la trajectoire des projectiles que l'on comprend l'histoire. Nous n'avons pas besoin de [preuves ou de scoops dénichés sur Internet] pour reconnaître ce qu'il y a de fausseté, de manipulation, d'intéressements, d'opportunisme dans la manière dont les évènements sont mis en scène et instrumentalisés. [...] Il y a bien sûr une vérité des faits et elle est décisive ; il n'est pas question ici de renoncer à vouloir la connaître. Mais quand bien même certains faits nous restent cachés, nous n'avons pas à suspendre notre jugement en attendant leur incertaine révélation, car nous avons déjà sous les yeux tout ce qui n'est pas caché, en premier lieu ce qu'on nous montre : la manière dont les faits sont utilisés, le récit qu'on nous en sert, les efforts de propagande, de persuasion, de suggestion, d'hypnose, de fabrication de la terreur. Et leurs manifestes conséquences politiques et sociales.

Pierre Bourlier, « L'illusion au pouvoir », 2021

Dans le contexte historique que j'ai détaillé au fil de cet ouvrage, la tournure d'esprit complotiste puise donc à plusieurs sources. L'addiction de masse aux écrans et le fonctionnement d'Internet en sont le carburant quotidien (chapitre I), mais son comburant est l'angoisse qui saisit légitimement les corps et les esprits devant les effondrements écologique et économique en cours (chapitre III). Dans des sociétés dont les institutions et les croyances fondatrices sont minées, cette angoisse n'a pas fini de provoquer des poussées d'irrationalité tantôt sous la forme d'une soumission réflexe et totale aux injonctions des gouvernants, tantôt sous celle de réactions de rejet hystériques et paranoïaques.

Enfin, le complotisme est également le fruit du sentiment de dépossession radicale qu'une partie de la population occidentale découvre de nos jours. Pour beaucoup de gens, au terme de plusieurs décennies de contre-révolution, il n'y a tout simplement pas de grille de lecture politique disponible pour déchiffrer ce qui nous arrive, à part des récits à connotation droitière et chauvine du type : « Une élite organisée à l'échelle transnationale est en train de racketter les peuples. » La tradition de luttes sociales contre le processus de mise sous dépendance (matérielle et mentale) qui est le fil conducteur du capitalisme historique depuis plusieurs siècles (cf. chapitre V) a disparu de longue date. Dans les pays industrialisés, surtout après 1945, la lutte anticapitaliste s'est largement cantonnée au problème de la redistribution des richesses monétaires, ce qui est aussi légitime qu'insuffisant et stérile[1]. La critique du consumérisme est restée plus ou moins un ornement, n'a jamais réussi à s'ancrer dans une pratique contestataire partagée et influente, et les questions de dépossession et d'autonomie sont restées marginales, voire impensées dans l'Occident riche – au mieux, elles sont considérées comme des préoccupations légitimes pour des mouvements de paysans miséreux du tiers-monde.

On ne peut pas réfléchir au grand brouillage idéologique en cours – complotisme, « impureté » des mouvements de contestation[2], antimondialisme à tendance patriote ou trumpienne – sans prendre en considération ces différents facteurs et surtout le dernier. Car il y a bien, de manière diffuse ces dernières années, une réaction des populations industrialisées contre certains aspects de la dépossession accrue qu'elles subissent. C'est souvent minoritaire, toujours partiel et jamais cohérent : dans les mouvements d'opinion et de protestation composites qui fleurissent depuis le milieu des années 2010, la critique de la dépendance affleure, mais reste en général noyée dans des mots d'ordre qui réclament tout aussi

1. Voir Matthieu Amiech & Julien Mattern, *Le Cauchemar de Don Quichotte. Retraites, productivitsme et impuissance populaire*, Paris, La Lenteur, 2014.

2. Selon le terme de Wu Ming 1, dans *Q comme qomplot*, *op. cit.*

bien le renforcement du système industriel et le maintien à tout prix de l'abondance marchande. Pourtant, chez les gilets jaunes comme chez certains électeurs pauvres de la droite anglaise ou américaine, dans les manifestations contre la gestion techno-autoritaire du Covid comme dans les nombreuses luttes locales contre les projets et nuisances ordinaires de l'industrie, se font entendre une peur panique et un refus d'être totalement intégrés à la Mégamachine.

Cette peur et ce refus absolument légitimes peuvent-ils donner naissance à un mouvement d'émancipation, qui soit notamment capable d'infléchir la trajectoire des sociétés industrielles vers la destruction des conditions de vie sur Terre ? Trois conditions au moins me semblent indispensables pour l'imaginer, trois conditions très exigeantes compte tenu du point où nous sommes arrivés.

La première est une désintoxication numérique générale. Il faut impérativement stopper le mouvement de migration de nos existences vers la sphère soi-disant virtuelle, soi-disant immatérielle du *cloud* (qui consiste en fait en un immense réseau de *data centers*). C'est là, sur et derrière les écrans, que s'organisent actuellement des aspects essentiels de notre soumission durable et les formes les plus extrêmes de notre dépendance. C'est là que se joue la possibilité d'une accélération foudroyante de la catastrophe écologique. C'est en s'en détachant que nous pouvons retrouver des formes d'organisation à même d'affronter réellement les nouveaux pouvoirs de la technocratie et d'instituer de nouveaux rapports sociaux en face à face.

La deuxième condition est l'invention d'un nouvel imaginaire de la subsistance. À la différence (parfois à l'opposé) du survivalisme qui vise la survie individuelle ou familiale, souvent par la conservation de produits, outils et capacités industrielles en vue de moments où l'organisation globale sera défaillante, il s'agit d'un projet collectif de réorganisation de la production, de construction d'une nouvelle économie de subsistance[1]. La réflexion critique sur

1. Voir Veronika Bennholdt-Thomsen & Maria Mies, *La Subsistance*, *op. cit.* ; Bertrand Louart, *Réappropriation. Jalons pour sortir de l'impasse industrielle*, Saint-Michel-de-Vax, La Lenteur, 2022 ; ou encore Hervé Krief, *Ombres et Lumières, ou*

l'argent et le salariat y aurait toute sa place, et se conjuguerait avec une réflexion sur les échelles d'approvisionnement, de distribution et de délibération permettant la régulation morale et politique des rapports économiques. Un tract dont j'ai participé à la diffusion pendant le mouvement des gilets jaunes le formulait ainsi :

> Ne sommes-nous pas capables de produire là où nous habitons, ensemble, toute une partie des richesses dont nous avons réellement besoin pour vivre dignement ? Rien ne nous y incite, rien dans l'organisation sociale en place n'est fait pour cela, au contraire on envoie du bois d'ici en Chine pour le réimporter sous forme de meubles (idem pour les tomates, etc.). Pourtant, les arrière-pays de la France industrielle sont riches, au moins potentiellement, de nombreuses ressources. Ce qui nous manque, c'est une organisation du quotidien qui permette de faire usage ici des légumes, de la viande, des céréales, de l'huile, du bois, des matériaux de construction et d'isolation que nous avons autour de nous.
>
> Nos arrière-pays sont également riches de traditions d'entraide, de pratiques campagnardes et villageoises coopératives qui se sont petit à petit éteintes depuis… pff, depuis quand au fait ? Peut-être il n'y a pas si longtemps. Et ce qui est sûr, c'est que nous allons avoir besoin de les ranimer/les réinventer, ces traditions, pour faire face à l'inéluctable ralentissement de l'économie industrielle, aux perturbations climatiques et aux troubles politiques probables. Tous ces bouleversements vont faire que la question économique ne se posera plus seulement en termes financiers/monétaires, mais en termes de subsistance : serons-nous capables de répondre à nos besoins de base à un niveau local, sans que ce soit le chaos, la guerre de tous contre tous[1] ?

Enfin, la troisième condition, aussi délicate que les précédentes, est une prise de distance avec les réflexes patriotes et même avec le

---

La faible lueur d'une bougie est préférable aux ténèbres de la modernité connectée, Paris, Quartz, 2021.

1. Extrait de « Réveiller les paysans qui sont en nous », tract signé par des « gilets tarnais » en janvier 2019.

cadre national en tant que tel. Cette proposition ne me vient pas du tout d'une haine ou d'un mépris du sentiment national, ni plus généralement des sentiments d'appartenance. Les grandes proclamations libertaires « contre tous les drapeaux », ou gauchistes (« ni patrie, ni frontières »), m'ont toujours laissé sceptique, bien qu'elles puissent être sous-tendues par des idées justes a priori. Je ne suis pas du tout du genre à me pincer le nez ou me boucher les oreilles quand j'entends retentir une *Marseillaise*, dans les manifestations des dernières années. J'y vois une manière d'affirmer que la nation est incarnée par la population ordinaire, et non par les représentants de l'État et leurs gens d'armes ; je crois comprendre que pour un certain nombre de gens modestes, le drapeau de leur pays est parfois tout ce qu'il leur reste de positif, quand ils se sentent dépossédés de tout. Par contre, à la quatrième *Marseillaise* de l'après-midi, je ne m'interdis pas de penser que cette insistance cache quand même un manque de créativité collective et un sacré vide politique.

Dans un contexte d'éclipse des autres traditions politiques, la résurgence des drapeaux français dans les manifestations populaires est allée de pair avec la diffusion, dans le débat intellectuel, de l'idée que l'État-nation est l'espace privilégié de la démocratie[1] : il serait historiquement la seule échelle où les couches modestes ont pu avoir leur mot à dire et bénéficier de protections contre l'oppression. Or, cette idée est fausse et il est étonnant de voir des personnes s'inquiétant des conséquences de la quatrième révolution industrielle (ou du capitalisme financier tout-puissant) placer leurs espoirs dans une réaffirmation de l'échelon national. En réalité, l'État-nation a été le berceau du capitalisme industriel, c'est à son initiative et à son échelle qu'ont été menées des politiques commerciales, productives, scientifiques, qui ont débouché sur les premières révolutions industrielles. Bien sûr que le capital cherche ensuite (il l'a fait d'ailleurs dès le Moyen Âge, sous sa forme commerciale) à se déployer au-

1. Voir la revue *Front populaire* fondée par Michel Onfray, qui se targue de réunir « souverainistes de gauche et de droite » ; ou les brochures signées Lieux communs, disponibles sur le site <collectiflieuxcommuns.fr>.

delà des frontières nationales, mais c'est bien pendant la période de construction des nations et des États modernes que l'économie a été « désenchâssée[1] » des exigences de la société, de la morale commune (parfois contenues dans la religion) et de la politique, notamment par la liquidation de bon nombre de réglementations communales ou régionales[2].

Que des questions d'identité et d'appartenance se posent, à notre époque comme à toutes les autres, c'est normal et inévitable, mais elles peuvent (aussi) trouver des réponses à une autre échelle que celle de la nation. Que des logiques d'empire s'affirment dans le concert géopolitique et idéologique de notre temps (des États-Unis à la Chine en passant par l'Europe et la Russie, ou par la Turquie et le califat islamiste mobile), c'est manifeste et cela n'augure rien de bon pour les peuples et leur capacité à s'autogouverner. Mais le cadre national ne nous en protège pas en tant que tel, il n'a rien de subversif et pas grand-chose d'hétérogène à ces logiques impériales. C'est précisément dans ce cadre que les populations ont perdu l'habitude d'administrer directement une partie des affaires communes, comme c'était le cas dans les sociétés médiévales[3]. Enfin, ce cadre national ne sera pas pertinent pour affronter les catastrophes écologiques à venir. La construction d'économies de subsistance, tournant le dos à la grande industrie et à l'informatique, se prête plutôt à la constitution de collectivités régionales, qui ne seraient plus des relais des capitales nationales ou de l'Europe mais des organes d'auto-organisation locale.

1. Selon l'expression de Karl Polanyi dans *La Grande transformation. Aux origines politiques et économiques de notre temps*, Paris, Gallimard, 1983 [1944].

2. Beaucoup d'exemples sont donnés par Alèssi Dell'Umbria, dans son *Histoire universelle de Marseille. De l'an mil à l'an deux mille*, Marseille, Agone, 2006.

3. Voir Marc Bloch, *Les Caractères originaux de l'histoire rurale française*, Paris, Pocket, 2006 [1931] ; Monique Bourin & Robert Durand, *Vivre au village au Moyen Âge. Les solidarités paysannes du XIe au XIIIe siècle*, Presses universitaires de Rennes, 2000 ; Hervé Luxardo, *Les Paysans. Les républiques villageoises, X^e^-XIXe siècles*, Paris, Aubier, 1981 ; Isaure Gratacos, *Femmes pyrénéennes. Un statut exceptionnel en Europe*, Toulouse, Privat, 2003.

La discussion que je lance ici sur la question nationale dépasse le cadre d'une conclusion qui se veut brève. Elle mériterait en elle-même d'importants développements, nuances et exemples précis. Je me contenterai ici, pour ouvrir le débat tout en refermant ce livre, de renvoyer au grand œuvre de l'anarchosyndicaliste Rudolf Rocker, *Nationalisme et culture*[1]. C'est selon moi une source d'inspiration majeure pour critiquer le credo patriote et alimenter des perspectives d'autonomie régionale. Dans cette somme historique qui complète brillamment *Les Origines du totalitarisme* de Hannah Arendt, Rocker décrit comment empires et États-nations centralisés ont tendance à étouffer la créativité culturelle et les aspirations à la participation politique active. Il défend l'idée que, dans l'histoire de l'humanité, les phases de grande inventivité artistique et artisanale, de bouillonnement démocratique, suivent en général les périodes de décentralisation politique. Au moment où les oligarchies du monde entier sont en train de repenser leurs échelles de souveraineté et de domination pour faire face aux effondrements écologiques, il est urgent que les populations et les mouvements de contestation repensent leurs échelles d'autonomie, de vie commune et de décision collective.

1. Ouvrage de 1937, publié en France en 2008 (Paris-Saint-Georges-d'Oléron, Éditions CNT-RP-Éditions libertaires).

Table des matières

*

* *

Achevé d'imprimer
sur les presses de Présence graphique,
à Monts, en mars 2023,
pour les éditions La Lenteur,
Le Batz, 81140 Saint-Michel-de-Vax
ISBN : 979-10-954-32-36-4

Distribution – Makassar
Diffusion – Hobo Diffusion
Correction – Thomas Pérès
Graphisme – La Turbine

* *

*